Les Éditions du Boréal
4447, rue Saint-Denis
Montréal (Québec) H2J 2L2
www.editionsboreal.qc.ca

Réussir son hypermodernité
et sauver le reste de sa vie
en 25 étapes faciles

Nicolas Langelier

Réussir son hypermodernité et sauver le reste de sa vie en 25 étapes faciles

Boréal

© Les Éditions du Boréal 2010
Dépôt légal : 3e trimestre 2010
Bibliothèque et Archives nationales du Québec

Diffusion au Canada : Dimedia
Diffusion et distribution en Europe : Volumen

Illustrations intérieures et maquette de la couverture : Gabrielle Lecomte

*Catalogage avant publication de Bibliothèque et Archives nationales du Québec
et Bibliothèque et Archives Canada*

Langelier, Nicolas, 1973-

    Réussir son hypermodernité et sauver le reste de sa vie en 25 étapes faciles

    Comprend un index.

     ISBN 978-2-7646-2042-7

    I. Titre.

PS8623.A53R48   2010   C843'.6   C2010-941160-9

PS9623.A53R48   2010

     ISBN PAPIER 978-2-7646-2042-7

     ISBN PDF 978-2-7646-3042-6

     ISBN ePUB 978-2-7646-4042-5

Sommaire

Étape 1 Décider de faire quelque chose avant qu'il ne soit
trop tard   15

Étape 2 Comprendre les origines de la modernité   29

Étape 3 Réfléchir à sa propre modernité   37

Étape 4 Se réveiller et ne voir que du gris autour de soi   43

Étape 5 Repenser à la soirée de la veille   51

Étape 6 Reprendre la route   57

Étape 7 Apprendre que son père est atteint du cancer   63

Étape 8 Apprendre que sa mère est atteinte du cancer   69

Étape 9 Trouver une autoroute   73

Étape 10 Laisser la fille de sa vie   85

Étape 11 Transpercer l'obscurité grandissante en laissant
un nuage de poussière derrière soi   91

Étape 12 Connaître quelques personnages importants de la modernité
et leur âge au moment de certains de leurs accomplissements   95

Étape 13 Mieux comprendre les élans fiévreux de l'âge d'or
de la modernité   99

Étape 14   Rédiger son manifeste personnel   113

Étape 15   Retourner au chalet construit par son père
trente ans plus tôt   117

Étape 16   Respecter la procédure entourant la mort de son père   131

Étape 17   Entrer par effraction dans le chalet construit par son père   143

Étape 18   Réfléchir à l'héritage de sa génération   155

Étape 19   Résumer la postmodernité sous forme de liste sans ordre particulier,
un condensé pratique en 20 points de ce concept à la fois vague
et chaudement débattu, applicable à une époque qui pourrait
ou non commencer dans les années 1950 et se terminer
ou non à la fin du XXe siècle   159

Étape 20   Disséminer les cendres de son père   169

Étape 21   Comparer deux visions opposées de la modernité   181

Étape 22   Se familiariser avec le concept d'hypermodernité   187

Étape 23   Marcher calmement vers la forêt, sans regarder en arrière,
sans la moindre pensée pour la voiture de son père,
pour les arrivants, pour les conséquences sûrement
déplaisantes d'une entrée par effraction   197

Étape 24   Savoir comment les choses devraient se dérouler,
la nuit, quand on est célibataire et qu'on a
bien l'intention de vivre plus fort   201

Étape 25   S'enfoncer profondément dans la forêt de son enfance   211

Index   221

Les icônes utilisées dans ce livre

 Plus loin

 Truc pratique

 Citation

 Anecdote

 Question éclair

 Rappel

Nous nous exclamons : tout le style génial de nos jours est dans nos pantalons, nos vestes, nos chaussures, les tramways, automobiles, aéroplanes, chemins de fer, navires grandioses. Quel enchantement ! Quelle époque glorieuse sans pareille dans l'histoire universelle !

MIKHAIL LARIONOV, NATALIA GONCHAROVA *et al.,*
Manifeste des rayonistes et aveniriens, 1913

J'aspire à être un adulte sain d'esprit, ce qui m'apparaît comme la seule véritable forme d'héroïsme encore possible, de nos jours.

DAVID FOSTER WALLACE, lettre à Don DeLillo, 2007

Il reste à voir jusqu'où les ressources de l'ironie pourront être étirées. Il semble peu probable que cette tendance à constamment saper nos propres affirmations puisse se poursuivre indéfiniment dans l'avenir sans qu'elle ne soit éventuellement enrayée par le désespoir ou par un rire qui nous laissera sans le moindre souffle.

SUSAN SONTAG

Étape 1

Décider de faire quelque chose avant qu'il ne soit trop tard

Un jour, c'est inévitable, vous en aurez assez.

Vous déciderez qu'il y a eu assez de mort(s) autour de vous, et qu'il est temps de faire quelque chose avant qu'il ne soit trop tard. Le tourbillon des derniers jours, semaines, mois — des dernières *années,* même, peut-être — vous aura laissé confus et désorienté, habité par un malaise perpétuel, le sentiment que tout ça — votre quotidien, votre mode de vie jeune et dynamique et tellement moderne, tout ce bruit autour de vous, partout, toujours, cette interactivité constante avec l'humanité tout entière et personne en particulier, tout cet argent qui entre dans votre vie et en ressort aussitôt, toutes ces ondes traversant les murs et vos organes, toutes ces lumières brillantes, ces appâts réfléchissants, ces impulsions électriques dans vos gadgets, vos neurones, vos paupières fermées — le sentiment que tout ça, donc, ne mène à rien, sinon à des endroits où vous ne voulez pas aller, n'avez jamais eu envie d'aller. Et vous serez fatigué, vraiment fatigué.

Vous choisirez donc un matin de votre mi-trentaine. Idéalement, si vous habitez la zone climatique continentale humide du nord-est de l'Amérique, ce sera durant cette triste période de l'année entre la dernière tempête de neige et les premières tulipes.

Ce devrait être l'aube, de préférence. Vous n'aurez pas encore dormi, et cette aube-là ressemblera à tant d'autres, depuis dix ans, quinze ans, vingt ans. Combien en aurez-vous connu, donc, de ces levers du jour doux-amers, le corps secoué de frissons, après une trop longue nuit passée à « faire la fête », à vous « éclater », à avoir « *the time of your life* » ? Des centaines, au moins, peut-être même plus d'un millier. Mais au fond de vous, vous saurez qu'il y a quelque chose de différent, cette fois. Du moins, vous devriez l'espérer plus que tout.

Tout sera calme, à part pour un léger acouphène dans votre oreille droite. Dans le silence bleu-gris de votre appartement, vous resterez longtemps comme ça, assis sur le canapé du salon, à regarder le jour naître autour de vous. Combien de temps, exactement ? À vous de juger : une heure, peut-être, deux heures — trois, si vous le pouvez. De votre jean émanera une faible odeur de bière séchée. Vous remarquerez un léger bourdonnement électrique — le téléviseur, peut-être, ou vos haut-parleurs. Le sommeil vous gagnera peu à peu, et l'envie vous viendra de vous y abandonner, là, sur le canapé, et de dormir jusqu'au printemps. Mais à cet instant vous devriez vous faire la réflexion que vous dormez depuis trop longtemps déjà. Vous vous lèverez.

Vous ramasserez quelques affaires, les enfoncerez dans un sac en vinyle payé 3,50 £ à Camden Market à la toute fin du XXᵉ siècle. « *End of a century / It's nothing special* », chantait Damon Albarn à l'époque. Dix ans plus tard, les choses ne devraient pas vraiment s'être améliorées.

On ne sait jamais comment s'habiller, à ce moment de l'année, alors dans votre sac vous mettrez un peu de tout, des vêtements chauds et des t-shirts, une tuque et un blouson léger. Vous y déposerez aussi toute la nourriture facilement transportable qui se trouvera dans votre garde-manger : noix, fruits séchés, barres tendres, etc. Vous devriez cependant oublier les choses suivantes : votre brosse à dents, le chargeur de votre téléphone portable et une carte routière.

Sur une tablette dans votre salle de bain : une bouteille d'inhibiteurs sélectifs de la recapture de la sérotonine[1]. Pendant de longues secondes, vous regarderez la bouteille, ses petits comprimés colorés, l'étiquette avec votre nom dessus. Vous la laisserez là.

Vous sortirez dans le matin froid et humide. La température devrait être au-dessus du point de congélation, mais tout juste. Dans le ciel, il y aura du gris, du blanc, du noir, des bouts de bleu délavé — des nuages à la Turner, immenses, tragiques *(fig. 1)*. Vous aurez envie de vous y lancer, dans ces nuages, de les transpercer à Mach 2. Vous souhaiterez sans doute même disposer de quelque chose qui vous permettrait d'aller vite et haut — une fusée, par exemple, ou peut-être l'une de ces petites motos volantes comme dans *Le Retour du Jedi*.

Faute de mieux, vous monterez dans la voiture de fabrication coréenne de votre père. Vous remarquerez la persistante odeur de plastique neuf, éminemment conscient du pétrole utilisé dans la production de ce plastique — cette matière organique, autrefois vivante, décomposée au cours de millions d'années, puis brutalement extraite du sol pour être transformée en tableau de bord, pare-soleil, boutons colorés. **N'oubliez pas :** votre père devrait être mort trois mois plus tôt. **N'oubliez pas :** ses cendres devraient se trouver sur le siège arrière, dans une petite boîte en érable choisie distraitement, parce qu'à ce moment-là vous pensiez plutôt au cadavre qui reposait encore dans la morgue de l'hôpital. Votre père. Mort. Dans

---

1. De marque Celexa, par exemple, ou Cipralex, Paxil, Zoloft, Prozac, etc.

Fig. 1. J. M. W. Turner, *Le Quai de Calais.*

un sac en plastique, possiblement. **N'oubliez surtout pas :** l'employé du salon funéraire, son catalogue plastifié, la subtile pression pour vous faire acheter quelque chose de « noble », de « prestigieux » — du marbre, du doré, du scintillant —, mais tout ça artificiel et *cheap,* tellement *cheap,* du faux noble, du faux prestigieux, d'où votre choix de l'érable, malgré la désagréable impression que vous avait fait ressentir l'employé, d'être celui qui était *cheap,* dans tout ça.

Ce matin-là, ce dernier matin avant que tout change pour toujours, vous resterez assis dans le silence de l'habitacle, au cœur de la métropole endormie. Peut-être à cause d'une intensité particulière dans la lumière, ou de la configuration du ciel, ou de quelque chose d'ancien et de mystérieux dans vos gènes, vous sentirez que le printemps est sur le point d'arriver. Vous le sentirez comme on sent qu'un orage approche ou que quelqu'un nous observe : instinctivement. Vous vous rappellerez comment, il y a quelques années encore, cette arrivée du printemps vous remplissait d'espoir et d'excitation, à l'idée de tous les événements fantastiques qui allaient sans doute se produire dans les semaines à venir.

Vous essaierez alors de définir vos espoirs liés au printemps imminent, à ce moment très précis de votre existence, et vous n'en trouverez pas vraiment.

Vous resterez quelques instants encore à le regarder, ce ciel spectaculaire. Les nuages comme une mer agitée, une épopée potentielle. Vous vous direz que si vous deviez choisir, c'est exactement le genre de ciel que vous décideriez d'être. Mais bien sûr, personne ne vous demandera jamais quel genre de ciel vous aimeriez être. On demande plutôt aux gens ce qu'ils font de bon, ces temps-ci.

À cette heure, dans le *no man's land* entre la fin de la nuit des fêtards et le début de la journée des neuf-à-cinqueurs, le boulevard Saint-Laurent sera désert. Seuls de rares camions de livraison et taxis vides croiseront votre voiture stationnée. Vous entendrez le train du Canadien Pacifique passant sous le viaduc Van Horne, chargé de compactes allemandes assemblées au Tennessee, de meubles de bureau roumains et de jouets en polymère vietnamien.

Vous repenserez alors à vos amis et vous, quelques heures plus tôt, émergeant d'un bar ivres et bruyants dans le silence du quartier portugais, vos cris et vos rires se répercutant contre la brique édouardienne des maisons endormies, et cette très jeune femme à l'odeur sucrée et aux lèvres luisantes qui s'accrochait à votre bras et vous désirait dans son lit, et tout ça si drôle, si drôle.

Vous devriez prendre quelques minutes pour observer ce bout de rue qui, quelques années plus tôt, languissait encore dans un marasme déprimant, mais qui se trouvera maintenant dans un état d'embourgeoisement avancé. Dans votre champ de vision : un magasin revendant à des prix faramineux des meubles modernes des années 1930-1970, un salon de coiffure se spécialisant dans les coupes inspirées des années 1980, un absurde « café pour chiens », une boutique de vêtements créés par des designers du quartier mais fabriqués en Chine et revendus très cher ici après avoir traversé la moitié de la planète en camion puis en train puis en bateau puis en camion pour revenir à leur point d'origine *(fig. 2),* un café où la jeunesse hip vient manger des burritos et boire de la bière noire et développer des projets qui ne verront jamais le jour.

Sur le lampadaire devant vous : les nombreuses couches d'affiches collées au cours des six derniers mois, pour des shows rock et des vernissages, des cours de tricot pour filles branchées, de tièdes appels à la mobilisation politique[2]. Devant d'anciennes manufactures reconverties en lofts chèrement minimalistes pour la classe créative montréalaise, garées de part et d'autre du boulevard : des Saab, des Mini Cooper, des Subaru, de grosses cylindrées américaines des années 1970 et 1980 achetées pour leur charge ironico-nostalgique.

Ce matin-là, sans raison apparente, vous penserez qu'il y a 150 ans tout ceci n'était encore que des champs où paissaient des vaches, et des ruisseaux bordés de végétation verdoyante, et des forêts peuplées d'arbres centenaires et d'oiseaux et de mammifères et de toutes sortes de choses vivantes et naturelles faisant les mêmes choses naturelles depuis des dizaines de milliers d'années. Mais ce

---

2. Pour empêcher la fermeture d'un bar bien connu du quartier, ou pour protester contre l'inaction des autorités en matière de vols de vélos.

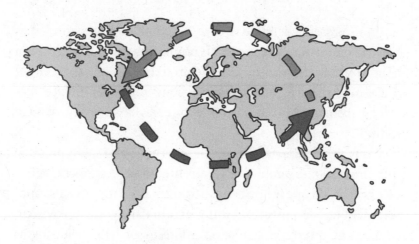

Fig. 2. Le trajet de vos vêtements mode.

matin-là, devant vous, il n'y aura plus que du béton mort et du verre mort et de l'acier mort et des rêves morts et des gens morts en dedans. Vous comprendrez alors que la modernité n'a pas tenu ses promesses.

Dans le contact de la voiture, les clés tinteront discrètement. Dans votre estomac, il y aura quelque chose qui ressemblera à des papillons. Votre scrotum se contractera[3]. Vous démarrerez la voiture. Lorsque vous appuierez sur l'accélérateur, les pneus devraient tourner brièvement à vide dans la poussière pierreuse et les détritus accumulés au cours de l'hiver. Puis ils mordront l'asphalte, et cela fera un bruit satisfaisant, un bruit de départ brusque et déterminé, un bruit de héros en contrôle de sa destinée.

----

3. Ou quel que soit l'équivalent féminin de ce phénomène. Tout au long de ce livre, le générique masculin est utilisé dans le seul but d'alléger le texte.

Vous laisserez derrière vous le Mile End, sa branchitude, ses hipsters endormis, son prétendu bouillonnement culturel. À la radio, il y aura sans doute la chanson d'une artiste canadienne-anglaise installée à Paris, dans une version remixée par un DJ et réalisateur allemand. Vous monterez le son et les basses feront vibrer la voiture.

Vous gagnerez le nord de la ville, puis une voie rapide, puis une autre. En quelques minutes, grâce aux urbanistes des années 1960 et à leur certitude que le bonheur se trouvait dans un réseau routier abondant et sans entraves, Montréal sera dans votre rétroviseur. Déjà, en sens inverse, la circulation amorcera son habituelle congestion matinale — les urbanistes se seront trompés quelque part, de toute évidence. Dans votre direction, cependant, les quatre voies devraient être désertes.

Vous traverserez un cours d'eau, puis vous vous enfoncerez dans la banlieue, ses centres commerciaux, ses grandes surfaces, ses immenses multiplex aux murs aveugles recouverts de murales à la thématique spatiale ou champêtre. De part et d'autre de l'autoroute, vous verrez de hideuses tours de condos d'inspiration postmoderne, de nouveaux lotissements sans arbres ni trottoirs, des centres de production manufacturière rendus obsolètes par la mondialisation et en voie d'être rasés pour laisser place à d'autres centres commerciaux regroupant les mêmes magasins qu'ailleurs qui s'empliront des mêmes consommateurs au regard vide et aux mains pleines de sacs de plastique remplis de choses dont ils n'avaient pas besoin. Tout ça devrait être recouvert par la poussière de l'hiver, partout, grise et sèche.

Pendant une fraction de seconde, vous devriez être saisi d'un étrange sentiment d'irréalité : vous ne comprendrez absolument pas à quoi ça sert, tout ça. Quelle est l'utilité de ce magasin de piscines en bordure de l'autoroute ? de cette immense animalerie ? de ce ixième centre de la rénovation, de cet autre concessionnaire automobile débordant de véhicules rutilants, de ces dizaines de restaurants franchisés offrant des versions édulcorées du Mexique et de l'Italie et du Texas et de la Thaïlande et du Liban et de la Grèce ? Pourquoi, donc ? Quelle est la raison d'être de tout ceci ? **Le bonheur ?**

Ici aussi, vous ne verrez donc que la mort partout : la mort d'une conception millénaire de la communauté, la mort d'un idéal, la mort d'une civilisation. Vous aurez l'impression très forte qu'une sorte de fin du monde est sur le point d'arriver — la fin d'*un* monde, en tout cas. Il vous semblera que tout est en train de craquer, autour de vous : le modèle économique, le tissu social, l'écosystème naturel. Vous essaierez de résumer votre sentiment en 140 caractères, n'y arriverez pas.

Dès que vous le pourrez, vous devriez quitter l'autoroute, vous éloigner des nouveaux quartiers résidentiels et vous enfoncer dans les terres. Dans votre esprit fatigué, vous imaginerez le sol s'ouvrant derrière vous, déchiré par d'immenses crevasses dans lesquelles s'engouffreraient des pylônes électriques, des sections d'autoroutes, des villes entières, avec leurs habitants terrifiés par cette apocalypse leur tombant dessus pendant qu'ils se brossaient les dents ou écoutaient un humoriste à la radio.

Serez-vous en fuite ? Pour cela, il faudrait savoir ce que vous fuyez, et à ce moment vous ne le saurez pas vraiment.

Il est **très important** que vous rouliez longtemps, ce jour-là, en prenant bien soin de privilégier les routes tranquilles et les rangs à l'asphalte défoncé. Vous traverserez trop vite plusieurs villages et — sans que vous compreniez vraiment pourquoi, au juste — cela vous fera du bien, ces villages centenaires dont vous ne soupçonniez même pas l'existence. Il y aura quelque chose de soulageant dans ces rues principales qui vous rappelleront une époque plus simple que vous n'avez pas connue, ces petits casse-croûte tellement plus vrais que les bistros terroir-chic que vous vous étiez mis à fréquenter depuis quelques années, ces gens ordinaires vaquant à leurs occupations ordinaires, ces maisons du XIXe siècle, ces fermettes, ces champs encore recouverts de plaques de neige, ces églises de pierre grise, ces toits de fer-blanc, ce Canada français d'avant la modernité. Et ce ciel, toujours ce ciel au-dessus de votre tête et au bout de la route, comme un spectacle, avec le soleil faisant son apparition de temps à autre, créant des effets de lendemain d'accident nucléaire. Longtemps, vous foncerez à toute allure vers ce ciel, bien après que la radio étudiante montréalaise que vous syntonisiez ne sera devenue qu'un faible grésillement dans vos haut-parleurs.

À quelques reprises, vous arrêterez dans des dépanneurs et des stations-service pour y acheter du café, des bonbons, des pâtisseries industrielles. En conduisant, vous mastiquerez lentement en essayant de vous faire croire que vous avez tout votre temps, maintenant.

La fin de l'hiver ressemblera à l'automne, ce jour-là, et à quelques reprises, peut-être à cause de la fatigue, une confusion se créera dans votre esprit, et vous vous croirez en automne. Chaque fois, vous réaliserez cependant très vite que ce ne peut être l'automne, puisqu'à l'automne votre père était encore vivant, alors que maintenant il sera mort mort mort.

N'oubliez pas : à ce moment-là, vous ne devriez avoir aucune idée de votre destination, aucune ligne de réflexion précise dans vos pensées, aucun autre désir que celui de rouler vite sur ces rangs déserts coupant à angle droit d'autres rangs déserts, le mouvement comme un substitut à toute forme d'émotion.

Votre principale source de satisfaction, tout au long de la journée, sera que chaque kilomètre s'ajoutant à l'odomètre sera un kilomètre de plus entre vous et le gâchis de votre vie. Vous comprendrez qu'il est faux d'affirmer qu'au XXIe siècle la distance physique ne veut plus rien dire. C'est l'un des nombreux mythes dont nous avons réussi à nous convaincre, un autre de ces éléments s'ajoutant à la longue liste des « choses qui ne sont plus comme avant », croyons-nous. Ce jour-là, vous verrez que la distance physique a encore un sens, a encore un poids, et cela vous fera le plus grand bien.

Cela dit, à un certain moment, inévitablement, il n'y aura plus de ciel. Devant vous, il n'y aura qu'une masse sombre sur laquelle vous pourrez deviner la silhouette de grands érables centenaires. Alors vous arrêterez la voiture sur l'accotement, où que vous soyez rendu, et vous sortirez.

L'air sera frais, sain, parfait. Vénus sera levée. Il y aura des criquets et une odeur de feuilles mortes. Vous sauterez par-dessus le fossé qui devrait alors se trouver devant vous et, sans autre objectif que de prolonger le mouvement qui vous aura propulsé toute la journée, vous avancerez dans ce champ où perceront les vestiges de la dernière récolte de maïs. Dans cette terre ancestrale gorgée d'eau et de nutriments datant du début de l'univers, vos espadrilles à 200 $ s'enfonceront complètement.

Étape 2

Comprendre les origines de la modernité

Avant toute chose — avant les voitures de fabrication coréenne et les trains rugissants et les machines de toutes sortes et les explorations cubistes dans des chambres de bonne trop froides et les bouleversements sociaux et les taudis ouvriers de Birmingham, avant, même, que Louis XVI et sa famille ne soient déposés de la manière la plus brutale —, la modernité commence par une idée : le présent n'est pas la continuité du passé. La vie, maintenant, est **différente** de ce qu'elle était avant. Différente en mieux (progrès) ou différente en pire (déclin), mais fondamentalement, irrévocablement différente.

La modernité est un saut dans le vide, les yeux bandés. Tout le reste, franchement, n'est que détails. Toutes les inventions de la première phase de la modernité (1800-1900, *grosso modo*), les nouveaux moyens de transport, les nouveaux médias, les nouveaux matériaux, les nouvelles sources d'énergie, tout ça, donc, ne fait que renforcer cette perception que **les choses ne seront plus jamais pareilles.**

Quelques découvertes et inventions de la modernité

Le câble télégraphique transatlantique (1858)

Le rayon X (1894)

La dynamite (1867)

Le cinéma (1895)

La bactériologie (1872)

La télégraphie sans fil (1895)

La psychologie expérimentale (1874)

L'uranium et la radioactivité (1897)

La machine à écrire commerciale (1874)

La génétique (1900)

Le téléphone (1876)

La psychanalyse (1900)

Le phonographe (1877)

La physique quantique (1900)

Le gramophone (1877)

La radio (1901)

La plaque photographique (1878)

L'aéroplane (1903)

L'ampoule électrique (1879)

La lithographie offset (1904)

Le métro de Londres (1884)

La salle de cinéma (1905)

Le moteur à combustion interne (1885)

La relativité (1905)

L'appareil photographique Kodak (1888)

L'atome (1911)

La publicité et le journal à grand tirage (1890)

Le Modèle T de Ford (1912)

L'automobile (1890)

La fusée (1926)

Le gratte-ciel à structure d'acier (1890)

Le vol transatlantique (1927)

Le monde est ouvert à la transformation, est à la disposition de l'Homme et de ses interventions, de ses machines bruyantes et de ses rêves non moins bruyants. De complexes réseaux s'établissent : économiques, politiques, sociaux. L'État-nation s'impose, la démocratie aussi. À cause de tout ça, la modernité est un environnement bien plus dynamique que tout ce que l'humanité a pu connaître depuis 15 000 ans. Et cette société nouvelle vit maintenant dans le **futur,** plutôt que dans le passé.

Bien sûr, beaucoup ne voient pas ces changements d'un bon œil. Du haut de leur chaire, en Bavière et dans le Lancashire et dans la vallée de la Matapédia, des prêtres et des pasteurs et des curés mettent leurs ouailles en garde contre ce qui est en train de se passer, partout, trop vite. Dans les clubs privés d'Édimbourg et de Lausanne et de Varsovie, des hommes finissent leur xérès en secouant la tête et fomentent des plans pour ramener les conservateurs au pouvoir. Sur les docks de Salford, dans les manufactures de Woonsocket *(fig. 3),* dans une usine près de Nantes, des travailleurs réalisent que la révolution est en voie de se faire sur leur dos et celui de leurs enfants. À

Fig. 3. Une manufacture de Woonsocket (Rhode Island).

Concord, au Massachusetts, Thoreau réfléchit à tout ça, soupire, et se demande si son ami Emerson accepterait de lui prêter sa cabane au bord de l'étang pour quelques mois.

 Pourquoi serions-nous si désespérément pressés de réussir, et dans de si désespérées entreprises ? S'il nous arrive de ne point marcher au pas de nos compagnons, la raison n'en est-elle que nous entendons un tambour différent ? Allons suivant la musique que nous entendons, quel qu'en soit la mesure ou l'éloignement.

HENRY DAVID THOREAU

Mais bien plus nombreux, cependant, sont ceux qui ne voient que du bon dans tous ces changements, du positif, du **progrès** ! Il y a quelque chose d'excitant, là-dedans, quelque chose qui permet de croire que l'on vit à une époque formidable. Des industriels, des artistes, des journalistes, des scientifiques, des médecins, des visionnaires en tous genres en sont convaincus : **le meilleur est à venir** ! L'urbanisation est une chose fantastique, l'industrialisation aussi, et la place grandissante de la science et de la technologie aussi. Et là, on ne parle même pas des bénéfices indiscutables, comme la baisse de la mortalité infantile, la scolarisation de la population et son individualisme toujours plus fort. L'**individu,** oui, voilà qui est moderne, voilà qui est bon. Finie cette époque archaïque où notre destinée était déterminée par nos origines sociales, par notre classe, par l'endroit très précis où nos ancêtres vivaient depuis des temps immémoriaux. Désormais, l'heure est à la **mobilité,** à la **vitesse,** à la **liberté** !

Le Manifeste du futurisme

1. Nous voulons chanter l'amour du danger, l'habitude de l'énergie et de la témérité.

2. Les éléments essentiels de notre poésie seront le courage, l'audace, et la révolte.

3. La littérature ayant jusqu'ici magnifié l'immobilité pensive, l'extase et le sommeil, nous voulons exalter le mouvement agressif, l'insomnie fiévreuse, le pas gymnastique, le saut périlleux, la gifle et le coup de poing.

4. Nous déclarons que la splendeur du monde s'est enrichie d'une beauté nouvelle : la beauté de la vitesse. Une automobile de course avec son coffre orné de gros tuyaux tels des serpents à l'haleine explosive… une automobile rugissante, qui a l'air de courir sur de la mitraille, est plus belle que la Victoire de Samothrace.

5. Nous voulons chanter l'homme qui tient le volant dont la tige idéale traverse la terre, lancée elle-même sur le circuit de son orbite… C'est en Italie que nous lançons ce manifeste de violence culbutante et incendiaire par lequel nous fondons aujourd'hui le Futurisme, parce que nous voulons délivrer l'Italie de sa gangrène d'archéologues, de cicérones et d'antiquaires…

Filippo Tommaso Marinetti, *Le Figaro,* 20 février 1909

« Nous voulons délivrer l'Italie de sa gangrène d'archéologues, de cicérones et d'antiquaires » : vous pouvez remplacez Italie par Grande-Bretagne, ou par France, Belgique, Roumanie, Hongrie, Suisse, Espagne, Japon, Canada, Irlande, Russie, Afrique du Sud,

Allemagne, Chine, Estonie, Suède, Mexique, Pologne, Grèce, Ukraine, Autriche, États-Unis d'Amérique… Comprenez-vous ? Percevez-vous l'immense promesse contenue dans cette idée ? Voyez-vous comment il peut être enthousiasmant, quand on a trente ans, de penser à l'**avenir brillant et fantastique** qui nous attend ?

Étape 3

Réfléchir à sa propre modernité

Exercice !

1

Classez mentalement ces cinq sujets d'intérêt, du moins important au plus important :

- Les détails de la carrière et des amours de vedettes populaires ;
- Votre identité publique telle que définie par votre profil personnel sur les réseaux sociaux d'Internet ;
- La fonte rapide des glaces arctiques et les dérèglements climatiques qui en résultent ;
- Les nouveaux sous-genres dans le monde de la pornographie ;
- La recherche d'une vie bonne.

2

Classez maintenant ces cinq sujets en fonction de la place qu'ils occupent dans votre vie, dans vos pensées.

3

En 1970, dans une étude britannique, 79 % des étudiants universitaires ont répondu que leur objectif était de « trouver un sens à la vie ». En 2005, 75 % ont répondu que leur objectif était plutôt d'« être à l'aise financièrement ». Réfléchissez aux aspects positifs de ce développement.

4

Pensez aux éléments du savoir humain qui ne se sont pas rendus jusqu'à vous : allumer un feu à partir de silex ou de morceaux de bois, cultiver la terre, chasser, fabriquer des outils et des meubles, dépecer un animal, prier une puissance supérieure, élever des enfants, monter à cheval, réparer un moteur à combustion interne, etc. Comparez-les aux choses utiles qui ont pris leur place dans votre cerveau : créer un tableau Excel, préparer un bon mojito, utiliser un téléphone portable de troisième génération, distinguer la charge sémantique de :-p et de ;-), expliquer les règles guidant la vie des participants à de nombreuses émissions de téléréalité, laisser un commentaire ironique sur un blogue ou un réseau social, etc.

5

Dressez mentalement la liste de tous les pays que vous avez visités à la recherche de quelque chose de vague et susceptible d'améliorer votre vie.

6

À propos du penchant de notre époque pour l'ironie, un déprimant auteur américain a écrit que « les nouveaux rebelles n'auront pas peur du sentimentalisme et du mélodrame ». Songez combien le sentimentalisme et le mélodrame vous poussent au sarcasme, et comment vous faites tout, dans votre vie et votre travail, pour avoir l'air le moins sentimental et mélodramatique possible. Sachant que ce déprimant auteur s'est suicidé en 2008, essayez de déterminer qui a raison, au fond.

7

Pensez à ceci : l'abandon des traditions et la montée de l'individualisme ont provoqué un raz-de-marée d'incertitude et d'insatisfaction autour de vous, en vous. Vous voulez *plus*, vous voulez *mieux*, vous le voulez *maintenant*. Vous souhaitez avoir la possibilité d'écrire **votre propre histoire,** d'en devenir le héros, de vous propulser dans la sphère médiatique, d'être **spécial**. Votre objectif est de vous démarquer de la masse, d'annoncer votre unicité à l'univers. Mais le problème, c'est que, alors qu'autrefois on pouvait blâmer des forces extérieures (le poids des traditions, nos concitoyens, notre famille, la religion, notre employeur) pour sa propre incapacité à atteindre ce statut glorieux, aujourd'hui on ne peut s'en prendre qu'à soi-même. *Vous* êtes la source de vos frustrations, insuccès, manquements. Question : cela ne vous fait-il pas sentir **incroyablement seul** ?

Étape 4

Se réveiller
et ne voir que du gris autour de soi

Vous devriez donc avoir décidé de passer la nuit dans la voiture, là, sur l'accotement de ce rang désert, et vous devriez avoir mal dormi, sur le siège côté passager, à cause du manque d'espace, du froid, de l'absence d'oreiller, de vos pieds trempés, des voitures qui vous croisaient périodiquement, faisant chaque fois tanguer votre véhicule. Et le sommeil que vous aurez réussi à attraper devrait avoir été meublé de rêves étranges que vous ne devriez même pas essayer d'analyser, parce que la psychanalyse est morte avec le XXe siècle.

Maintenant, ouvrez les yeux sur un matin blafard, sur des champs s'étendant à perte de vue, sur un habitacle jonché de détritus en tous genres.

À la lumière du jour, remarquez la boue sur le bas de votre jean japonais griffé, les taches de café et de graisse sur votre t-shirt à l'inscription ironique (« Kiss me I'm famous », peut-être, ou « Salon de quilles Saint-Anselme », ou même « Club des 100 watts »), les miettes de biscuit sur votre manteau acheté dans une friperie de la rue Bernard, semblable à ceux que portaient vos oncles moustachus dans les années 1970.

N'oubliez pas : vous êtes d'une culture qui ne donne naissance à rien de neuf, ne fait que recycler *ad nauseam* les mêmes éléments. Vous êtes d'une culture qui fait du **vide** avec du **vieux** !

Dans un monde où l'innovation stylistique n'est plus possible, la seule possibilité restante est d'imiter les styles morts, de parler à travers les masques et avec les voix du musée imaginaire.

FREDRIC JAMESON

Sortez. Humez l'air, l'odeur de fumier, de terre humide. Vous noterez sans doute combien tout est gris autour de vous : la voiture de votre père, le ciel, la terre, l'asphalte, les restes de neige sale et mouillée, le toit des maisons ancestrales et des granges au loin, les bosquets d'arbres au milieu des champs. Essayez de vous souvenir du terme qui désigne une œuvre n'utilisant que les nuances d'une même couleur.

Marchez un peu sur le bas-côté ; vos jambes devraient être ankylosées, et le gravier devrait crisser sous vos pas. Urinez dans le fossé. Souvenez-vous : *camaïeu.*

Face à vous devrait se trouver une croix de chemin *(fig. 4).* Blanche, sans doute, et décorée d'une représentation du Sacré-Cœur de Jésus, rouge vif et entouré de rayons dorés, irradiants. Il y a 100, 150, 200 ans, un homme l'a fait planter ici pour consacrer sa nouvelle terre à Dieu. Cet homme avait peut-être votre âge, et des yeux bleus comme les vôtres, et huit enfants à venir, et un sens aigu de l'honneur et du devoir.

Regagnez le siège du conducteur.

Avez-vous faim, soif, froid ? Si oui, démarrez la voiture. Montez le chauffage au maximum. Appuyez sur l'accélérateur et arrachez-vous à la boue du bas-côté. Survolez à toute vitesse les routes étroites et sinueuses comme dans les publicités d'automobiles. Remarquez les corbeaux noirs perchés dans les arbres dénudés : les immenses érables, les ormes en forme d'Y, les saules pleureurs et les longs filaments ocre de leurs branches. Traversez des ruisseaux gonflés, longez à 110 km/h des murets de pierres comme dans la campagne anglaise, voyez les chevaux canadiens dans leurs enclos de planches blanches.

Auriez-vous fait un bon agriculteur ? À cette idée, vous devriez être submergé par un sentiment de paix et de sérénité en vous imaginant vous lever à l'aube pour aller traire les vaches, travailler dur toute la journée (avec vos bras ! et vos jambes !), puis vous coucher tôt, enveloppé par une fatigue saine et l'impression d'avoir fait tout ce que l'univers attendait de vous ce jour-là.

Quelques instants plus tard, votre téléphone devrait sonner. En maintenant un œil sur la route, trouvez-le dans vos affaires étendues pêle-mêle sur le siège arrière. Sur l'écran,

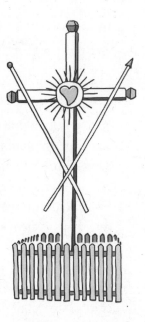

Fig. 4. Une croix de chemin.

47

vous pourrez voir qu'il s'agit de l'attachée de presse d'une compagnie de disques, et vous vous souviendrez tout à coup que vous aviez une entrevue de planifiée, ce matin-là, avec le batteur d'un groupe écossais à la mode, quatre Glaswegiens reprenant l'attitude du début des années 1980 en y incorporant de plus gros rythmes. Décidez de ne pas répondre. Refermez votre téléphone et déposez-le dans la boîte à gants. Ce faisant, entrevoyez la mitaine oubliée là par la **Fille de votre vie** (FDVV). Demandez-vous si elle souhaiterait la récupérer, sa mitaine. Concluez que non, elle ne le souhaiterait pas, les inconvénients liés au fait de vous revoir étant probablement pour elle plus grands que les bénéfices liés au fait de récupérer sa mitaine. Il est **très important** que vous la trouviez particulièrement triste, cette mitaine bleu pâle, toute seule dans la boîte à gants.

Que fait la FDVV en ce moment ?
Avec qui a-t-elle dormi hier soir ?

Au bout d'une dizaine de minutes, vous devriez trouver un village situé en un point apparemment arbitraire des basses-terres du Saint-Laurent. Stationnez-vous sur la rue principale et sortez de la voiture en mettant vos lunettes fumées même s'il ne fait pas soleil. Entrez dans un petit restaurant affichant sa spécialisation en mets canadiens, italiens et français, en fruits de mer et en BBQ. Commandez deux œufs avec jambon, et repensez à la fois, lors d'un voyage en Virginie, où votre père vous avait expliqué que si le jambon virginien est si savoureux, c'est que les cochons y sont nourris aux arachides. Ce détail devrait vous sembler appartenir à une époque complètement différente de la vôtre.

L'arachide est la seule plante dont le fruit (la cacahouète) se développe sous terre. Vous pouvez y voir une métaphore quelconque si ça vous amuse.

Appuyez-vous confortablement contre le dossier rembourré de votre banquette. Vous devriez vous sentir plutôt bien, dans ce restaurant, peut-être même capable d'y passer la journée entière, à boire du café et à manger de la tarte aux pommes comme Jack Kerouac dans un *diner* de l'Oklahoma. Appréciez à quel point les choses se déroulent lentement, en cette matinée tranquille, avec la lumière blanche du jour filtrée par les rideaux translucides, la serveuse bavardant avec les habitués. Pensez au populaire « guide spirituel » dont vous venez de lire le best-seller[1], à ce qu'il dit sur l'impor-

---

1. En cachette, bien sûr, seulement chez vous, en prenant bien soin de dissimuler le livre après chaque séance de lecture, de peur que l'un de vos amis l'aperçoive et se moque de vous, cherchant des réponses dans les écrits d'une sorte de gourou douteux à l'accent étrange et à l'espèce de petite barbe du plus mauvais goût. Qu'auraient pensé vos amis en apprenant que c'est dans le rayon de la croissance personnelle que vous tentez dorénavant de trouver une meilleure manière de vivre, plutôt que dans la musique pop, le cinéma d'auteur ou la littérature contemporaine, comme il se doit ? Vous auraient-ils jugé, méprisé, ridiculisé ? Se seraient-ils moqué de vous en votre absence ? Se seraient-ils envoyé des messages texte railleurs, du genre « le pauvre [votre nom de famille] est encore plus mêlé qu'on pensait » ? Auraient-ils laissé des notes coquines sur votre page Facebook, des liens ironiques vers des vidéos à tendance nouvel-âgeuse, des URL d'organismes anti-sectes ? Vous vivez à une époque d'où la recherche spirituelle a été évacuée, abandonnée aux charlatans et aux hippies attardés. Le mot spirituel lui-même a une connotation négative, et il est préférable de vous en tenir loin si vous tenez à la réputation que

tance du moment présent, sur votre incapacité totale à vivre ailleurs que dans le passé ou l'avenir.

À Montréal, vous seriez déjà assis devant votre ordinateur, à essayer de travailler en luttant constamment contre l'envie de procrastiner, d'aller perdre votre temps sur un site de nouvelles musicales ou un blogue ou un réseau social. Peut-être aussi que vous iriez faire un tour sur un site pornographique pour regarder les vidéos personnelles de jeunes femmes qui voulaient faire plaisir à leur petit ami mais qui l'ont amèrement regretté le jour où celui-ci les a diffusées sur Internet pour se venger d'une offense quelconque. Et bien sûr il y aurait cette entrevue avec le batteur du groupe écossais à la mode, les longs silences blasés de part et d'autre de l'Atlantique, la conscience que vous avez tous les deux le devoir faire ce que l'industrie musicale attend de vous, même si vous n'en avez ni l'un ni l'autre la moindre envie.

Vous devriez tellement le détester, votre métier de journaliste musical, à ce moment précis. Vous devriez même éprouver une sorte de nausée à l'idée de sa futilité, de sa superficialité.

Ce n'est pas ainsi que les choses devaient se passer, n'est-ce pas ?

(suite de la note de la page 49)

vous vous êtes méticuleusement bâtie, au cours de ces vingt années passées à n'écouter que la musique des groupes les plus obscurément avant-gardistes, à ne lire que les magazines et les auteurs les plus branchés, à ne fréquenter que les gens les plus dans le coup, à n'écrire sur votre blogue et vos réseaux sociaux et dans vos messages texte que des choses pleines d'esprit et d'ironie. Que resterait-il de vous s'il s'avérait que cette réputation n'est qu'une gigantesque fraude, une façade aussi mince et fragile que la fausse brique couverte de fausse vigne qui décore les aires de restauration dans les centres commerciaux ?

Étape 5

Repenser à la soirée de la veille

Exercice !

1

Repensez à la soirée d'hier, à comment elle avait commencé avec le spectacle de ce duo de Français qui font de la musique de danse électronique un peu sale, à mi-chemin entre le punk et la house. Revoyez-vous, dans cette petite salle, entouré de jeunes ayant dix ans, quinze ans de moins que vous. Rappelez-vous vos bâillements, votre désir d'être ailleurs, votre angoisse à l'idée d'avoir peut-être déjà tout vu, culturellement parlant, de ce que votre époque était capable de produire.

2

Pensez maintenant à l'*after-party* qui a suivi, dans ce bar du quartier portugais, celui avec le plafond bas, les arches en pierre taillée, l'odeur d'humidité et de vieille bière. Revoyez-les, ces *very important people*, ces représentants de toutes les tribus du petit Montréal branché, francophone comme anglophone, ces hipsters en tous genres, ces filles belles et sexy et habillées suivant les toutes dernières tendances à Prenzlauer Berg et Williamsburg et Shoreditch, ces gens de la musique et de la littérature, de la télévision et du journalisme, des arts visuels et d'Internet, ces âmes perdues donnant l'impression d'avoir tellement de plaisir, dans la vie. Bière tiède, baisers mous, conversations vides, coke triste dans les toilettes. Puis, imaginez-vous dans un cabaret berlinois, en 1921. À votre avis, s'emmerdait-on autant, dans le cabaret berlinois ?

3

Dans ce bar, vous étiez entouré d'amis et de connaissances. En fait, *tout le monde* semblait être là, comme si par un étrange alignement des astres tous avaient décidé que cette soirée était *la* soirée où il fallait être. Et il y avait tous ces gens qui n'étaient pas présents physiquement mais qui étaient tout près quand même, dans votre poche, n'attendant qu'un appel ou un message texte ou une sollicitation sur Facebook pour se manifester, vous répondre « Yo, [votre nom] ». Comment expliquez-vous que vous vous sentiez *si seul*, alors ?

4

Repensez maintenant à cette prise de conscience très nette que vous avez eue, vers 2 h 30 : dans deux jours vous auriez trente-cinq ans. *Trente-cinq ans !* Incroyable, n'est-ce pas ?

5

Vous avez alors songé, encore une fois, à votre rupture, à la FDVV et vous. Et cette question d'un auteur américain déprimé et déprimant vous est venue à l'esprit : « Le but de l'existence est-il vraiment de se contenter d'essayer d'avoir le plus de plaisir possible tout en souffrant le moins possible ? » Que répondez-vous à cette question ?

6

Pourtant, c'est bel et bien ainsi que vous avez mené votre existence depuis une bonne vingtaine d'années, non ?

7

N'est-ce pas là une façon un peu égoïste de vivre ?

8

Pensez à cet auteur déprimé et déprimant, à son désespoir, à son suicide. Est-ce vraiment juste une question de chimie neuronale déficiente, de *biologie*, s'il n'a pu trouver à son existence un sens qui lui aurait donné envie de rester vivant ? Qu'est-ce qui vous fait croire que vous pourrez supporter quelque chose qu'il n'a pas réussi à supporter, avec son intelligence supérieure à la vôtre, son talent supérieur au vôtre, tout ça ?

9

Bravo ! Pour terminer cet exercice, pensez maintenant aux choses valables — bonnes, socialement utiles, capables de justifier votre présence sur terre — que vous avez faites dans votre vie. Réalisez avec surprise comme il y en a peu. Qu'allez-vous faire à ce sujet ?

Étape 6

Reprendre la route

Une fois votre déjeuner terminé, vous devriez avoir envie de retrouver le mouvement de la veille. Payez l'addition. En fouillant dans vos poches pour trouver de quoi laisser un pourboire, vous devriez avoir une phrase idiote en tête[1]. D'où vient cette phrase qui s'est incrustée dans votre esprit, apparemment pour toujours ? *Cheers ? Seinfeld ?* Ou d'un film américain, peut-être ? Oui, sans doute un film. Sortez en notant mentalement de chercher la réponse sur Google.

Montez dans la voiture de votre père et reprenez la route.

À un moment donné, vous roulerez sans doute derrière une gigantesque camionnette immatriculée dans l'État du New Hampshire et équipée de roues doubles à l'arrière. Réfléchissez alors à l'utilité réelle de ces quatre roues arrière, même pour une camionnette qui serait vraiment utilisée pour déplacer des poutrelles d'acier et des moteurs de tracteurs — ce qui, de toute évidence, n'est pas le cas de celle-ci, à voir sa carrosserie immaculée et ses accessoires chromés d'apparence coûteuse.

---

1. *I don't believe in tipping. I believe in overtipping.*

Reportez maintenant votre attention sur la devise inscrite sur la plaque d'immatriculation : *Live Free or Die.* Soyez très conscient qu'en 2010 il ne viendrait à l'idée de personne de rédiger un impératif aussi radical. Libre de qui, de quoi ? La modernité a embrouillé cette notion de manière irrémédiable, et personne n'est prêt à mourir pour un concept flou qui n'intéresse que quelques professeurs de philosophie. Quand la principale tyrannie que l'on a connue, dans la vie, est celle des magazines de mode et des téléphones cellulaires, la mort ne semble pas une solution très tentante. De toute manière, la véritable liberté, on l'obtiendra lorsqu'on pourra finalement encaisser ce REER.

Dans le lecteur de CD, glissez le disque d'une chanteuse américaine que vous aimez bien.

L'automne précédent, vous devriez avoir assisté à un concert de cette chanteuse. La FDVV était avec vous, et vous aviez passé une soirée agréable, avec souper dans le quartier chinois, vin et dumplings, et ce spectacle pendant lequel vous aviez continué à boire, parce qu'un spectacle est toujours meilleur quand on boit, surtout quand on vient d'apprendre que son père a le cancer.

À un certain moment, la chanteuse était assise au piano, seule sur la scène, et vous devriez avoir senti une espèce de boule dans votre estomac, alors qu'elle chantait ses paroles de douleur et de regret, de rêve et de désillusion[2]. Et vous devriez avoir souhaité cela, pour votre vie à vous, tendre vers cette authenticité, avec une mélodie simple et poignante et des mots sincères — la *vérité* de ça, complètement à l'opposé de tout le flafla, les gugusses, les gadgets et les

---

2. « *Once I wanted to be the greatest / No wind or waterfall could stall me / And then came the rush of the flood / Stars of night turned deep to dust.* »

gimmicks de votre vie à vous, toute dans le brillant, dans l'apparence, dans la superficialité, dans les façades. À ce moment très précis, vous devriez avoir ressenti une sorte de dégoût pour votre vie et vous être demandé comment vous pourriez la rendre un peu plus semblable à cette chanteuse derrière son piano, sincère et authentique. Quel geste pourriez-vous faire ? Que devriez-vous rejeter ? Que devriez-vous adopter ? Ce soir-là, dans cette salle de spectacle plongée dans le noir, vous devriez y avoir réfléchi longuement, jusqu'à perdre un peu le fil du concert, et cette question devrait avoir continué à vous hanter, plus tard, alors que la FDVV et vous marchiez dans la nuit d'octobre et qu'il y avait une odeur d'hiver dans l'air, déjà, et que votre père était sur le point de mourir, et votre amour aussi. « À quoi tu penses ? » devrait vous avoir demandé la FDVV. « À rien de spécial », devriez-vous avoir répondu. Elle ne devrait pas vous avoir cru.

Étape 7

Apprendre que son père
est atteint du cancer

Apprendre que son père est atteint du cancer est toujours un moment difficile. Cet événement oblige à chercher profondément en soi les ressources physiques et psychologiques qui nous permettront de traverser l'épreuve.

À défaut de rendre cette situation agréable, les **six étapes** suivantes devraient du moins avoir guidé votre cheminement.

1

Idéalement, la nouvelle devrait être arrivée par une magnifique journée d'octobre, tout en jaune et en orange, avec le ciel bleu royal et cette impression qu'on a parfois, à cette période-là, que l'été se rendra jusqu'à Noël. Vous aurez fait part de votre réflexion à votre sœur lorsqu'elle vous aura rejoint, assis sur un banc devant l'hôpital : « On dirait qu'on n'aura pas d'automne, cette année. » Elle vous aura regardé d'un air perplexe, en mâchant sa gomme, puis dit : « Bon, on y va ? » Il aura été **très important** qu'elle porte une camisole minuscule et une jupe tout aussi minuscule, et que des lunettes Chanel[1] reposent sur sa tête.

---

1. Authentiques ? Fausses ? Impossible à dire.

2

En entrant dans la chambre d'hôpital, vous devriez avoir trouvé votre père vraiment magané, pour quelqu'un qui avait un mal de dos. Il aura été couché dans son lit, les traits tirés, les cheveux sales. Dans le lit d'à côté, entouré d'un rideau, l'infirmière aura aidé un patient âgé à déféquer. Vous devriez l'avoir entendu forcer.

3

Votre père devrait avoir esquissé un sourire, puis vous avoir fait signe de vous asseoir à ses côtés. Votre sœur l'aura embrassé et aura replacé ses oreillers. Il aura vraiment souffert, pendant qu'elle le redressait. **Important :** vous ne devriez pas avoir touché votre père. Vous vous serez contenté de forcer un sourire, vous aussi.

4

Vous devriez avoir conversé de manière superficielle pendant une minute. Puis il y aura eu un long silence, et votre père se sera raclé la gorge alors que des larmes auront inondé ses yeux. Votre sœur et vous aurez échangé un regard inquiet, pendant qu'il se sera appliqué à trouver les mots en fixant le ciel, qui aura été exactement du même bleu que ses yeux, et du même bleu que les yeux de votre sœur, et donc sans doute du même bleu que vos yeux à vous.

5

Votre père devrait avoir annoncé qu'il n'avait pas de bonnes nou-velles. Le monsieur à côté aura pété bruyamment. Votre père se sera raclé la gorge à nouveau, de manière particulièrement flegmeuse. Aura repris : « Vraiment pas des bonnes nouv — » Sa voix : se sera brisée. Votre sœur : aura posé sa main sur celle, reliée par un tube à un sac de perfusion, de votre père. Vous, intérieurement, pour la première fois : « On ne fait pas ça pour un mal de dos. »

6

Plus tard, assis sur le même banc devant l'hôpital, avec votre sœur en larmes à vos côtés, vous devriez avoir trouvé étrange de laisser votre père à l'hôpital. Comme s'il y avait quelque chose qui ne se faisait pas, là-dedans, retourner dans le monde lumineux et vibrant en laissant derrière votre père et son cancer du poumon. Vous vous serez senti jeune et vivant, en plein soleil. Malgré son mascara ruiné et ses yeux rougis, votre sœur aura été belle et vivante aussi, dans la lumière dorée, avec son corps maintenu ferme et mince par l'entraînement, sa peau bronzée mécaniquement et exfoliée professionnellement, ses cheveux et leur teinture à 150 $. Vous aurez pleinement saisi l'ampleur, peut-être pour la toute première fois, de la longue vie qui s'étendait devant vous, alors que celle de votre père tirait à sa fin. Dans trois mois, six mois, un an tout au plus, selon les médecins, votre père serait mort, mais selon toute vraisemblance vous seriez encore vivant, et votre sœur aussi, et ses deux enfants aussi. Pendant une fraction de seconde, à ce moment-là, vous aurez eu une conscience aiguë de l'histoire, des générations, des cycles de vie qui se chevauchent, de la mort. Puis cette conscience-là aura disparu aussi rapidement qu'elle était venue, comme une impression de déjà vu, ou comme ces illuminations soudaines que l'on a parfois quand on a pris des drogues hallucinogènes — un sentiment très précis de compréhension ultime, disparaissant cependant aussitôt en laissant derrière lui le vague sentiment que quelque chose d'important vient d'avoir été compris, ou du moins entrevu. Mais quoi, au juste ? Cela devrait avoir été moins clair.

 Ce n'est pas parce que des centaines de millions de gens avant vous ont appris que leur père était atteint d'une maladie mortelle que vous n'avez pas raison de vous sentir spécial quand même !

Étape 8

Apprendre que sa mère est atteinte du cancer

C'est le sujet d'un tout autre livre.

Étape 9

Trouver une autoroute

Et là, dans la voiture, en repensant à tout ça cinq mois plus tard, vous devriez être pris par une aussi irrésistible que gênante envie de pleurer. **N'oubliez pas :** vous devriez être beaucoup trop émotif, par les temps qui courent. Mais bon, abandonnez-vous à cette envie de pleurer, au point où vous en êtes. Ce faisant, pensez à : votre père, la FDVV, votre carrière insignifiante, votre existence en général, votre trente-cinquième anniversaire imminent. Quand un homme passera devant la voiture en vous jetant un regard curieux, ignorez-le. Regardez dans le rétroviseur : vous devriez y voir vos yeux rougis, puis, sur le siège arrière, la petite boîte en érable.

Regardez-la longtemps, la petite boîte. Puis, quand vous serez prêt, démarrez le moteur. Vous pensez trop, lorsque vous restez immobile.

Depuis plus de vingt-quatre heures, vous avez roulé un peu au hasard. Maintenant, toutefois, vous devriez très bien savoir où vous désirez aller.

Vous en êtes encore loin, là, dans ce petit village dont vous ne connaissez même pas le nom. Mais ce n'est pas grave. Rebroussez chemin, trouvez une **autoroute.**

Environ une heure plus tard, vous devriez être presque rendu à

Montréal. Traversez le fleuve Saint-Laurent par le pont Champlain. La ville s'étalera devant vos yeux, avec ses gratte-ciel et sa verticalité, ses fumées et ses vibrations. Même très jeune, vous étiez impressionné par cette vue. Il y avait quelque chose de magique, non ? Quelque chose de presque euphorisant, à tel point que vous ressentiez physiquement l'excitation. Souvenez-vous de ces papillons dans votre ventre, ici même, il y a dix , quinze, vingt, vingt-cinq ans.

Par quoi était causée cette excitation ? Trois choses, en particulier :

1) La modernité qui se présentait à vous, cette ville de lumière, de verre et d'acier, son orgie d'électricité, son ciel balayé par le phare de la Place Ville-Marie, ses clignotements, ses avions traversant l'horizon. Et tout ce que vous ne pouviez pas voir, aussi : les avenues bondées, les lieux publics animés, les stations de télévision, les livreurs de journaux debout aux aurores, la cité souterraine avec son métro et ses kilomètres d'allées commerciales, tout ce qui se déroulait derrière ces façades de verre teinté et d'aluminium poli, ces tractations invisibles et ces plans stratégiques.

2) La certitude absolue que l'avenir allait être fantastique — pour vous, bien sûr, mais aussi pour la ville au complet, et la province, et le pays, et l'ensemble de l'humanité. Les choses ne pouvaient que s'améliorer. Le progrès vous inspirait une confiance totale.

3) Votre place à vous dans cet avenir radieux. Les révolutions que vous déclencheriez. Les montagnes que vous déplaceriez. Tout le plaisir que vous auriez, dans les bars et les restaurants du futur de cette ville. Toutes les femmes que vous séduiriez, les rêves que vous auriez, les succès que vous accumuleriez. Toutes ces possibilités qui

s'offraient à vous, toutes ces existences que vous pourriez mener, selon vos pulsions et vos désirs. La vie serait magique.

Bien sûr, votre vie ne devrait pas avoir été si magique que ça, finalement. Cela dit, l'idée, ici, n'est pas de vous apitoyer sur votre sort, mais plutôt de trouver une façon de sauver ce qui reste de votre vie.

Ne vous arrêtez pas à Montréal, ne rentrez pas chez vous, ne vous stationnez pas devant la maison d'un ami ou l'un de vos cafés favoris. Traversez la ville par l'autoroute qui la coupe en deux, ce friable vestige des grands rêves de l'après-guerre. Puis, lorsque vous la croiserez, engagez-vous sur l'autoroute qui la divise en deux dans l'autre sens. Direction : **ouest.**

 Vous êtes souvent passé ici, jeune, assis à côté de votre père dans la fumée de cigarette des années 1970-1980. Souvenez-vous de l'odeur dans la voiture, sur votre peau, vos vêtements. N'oubliez pas : c'est à cause de ces cigarettes que votre père est mort ! Mais vous le saviez déjà à l'époque, n'est-ce pas, qu'elles finiraient par le tuer ? Sauf que vous pensiez qu'il aurait quand même le temps de voir vos enfants, votre maison sur le bord de la rivière des Prairies, votre vie riche et noble. Vous pensiez qu'il aurait le temps de vous voir devenir un homme.

Après une centaine de kilomètres, vous arriverez dans cette petite ville franco-ontarienne à mi-chemin entre Montréal et votre destination. Ralentissez, tournez à gauche dans la rue principale. Il y aura là quelque chose qui devrait vous rappeler les quartiers canadiens-français de la Nouvelle-Angleterre, et les villes industrielles de la Mauricie, et la ville-centre de ce comté montérégien dont votre père était originaire. Les mêmes maisons carrées à deux étages, le bois ou le revêtement d'aluminium peint en blanc, la même humilité besogneuse partout. **N'oubliez pas :** cette culture-là est en train de mourir, si elle n'est pas déjà morte, et vous qui n'en êtes plus un produit qu'à moitié, vous savez qu'il y a une partie de vous qui est en train de mourir aussi.

Ce devrait déjà être l'après-midi, et vous aurez faim. Arrêtez-vous à un casse-croûte où vous êtes souvent allé, plus jeune. Assoyez-vous au comptoir, les yeux rivés sur la fenêtre. La rivière majestueuse qui baigne cette petite ville devrait avoir commencé à dégeler, sa surface devrait être parsemée de fissures et de grandes plaques d'eau sombre. Sur les montagnes au loin, du côté québécois de la rivière, remarquez comme la fonte des neiges est presque terminée, avec de vastes morceaux de terrain maintenant en train de sécher au soleil, prêts pour le printemps. Bientôt, les trilles sortiront du sol et jetteront des taches blanches et rouge vin dans les sous-bois.

Selon toute vraisemblance, le duo omelette au saumon fumé / mesclun ne sera pas encore parvenu à ce casse-croûte. En attendant, commandez un hamburger et une frite, puis pensez à votre père, à comment il posait ses coudes sur ce genre de comptoir, à comment il entrelaçait ses gros doigts et appuyait ses pouces l'un contre l'autre.

Au mur, il devrait y avoir une horloge promotionnelle d'une marque de bière maintenant disparue : O'Keefe *(fig. 5),* possiblement, ou Laurentide. Éprouvez un ridicule sentiment de nostalgie pour cette bière que vous n'achèteriez même pas, si elle était encore en vente.

Quelques minutes plus tard, la serveuse devrait vous apporter votre repas. Dites : « Merci. »

Mangez. La relish devrait goûter *Goldorak* et les bonnes années des Expos.

De manière générale, il devrait y avoir quelque chose d'étrange dans le fait d'être là, dans cet endroit où, lors de votre dernière visite, vous étiez encore un enfant. Sentez-vous trop grand, comme Boucle d'or dans le lit du bébé ours.

Une fois votre repas terminé, restez longuement à regarder les reflets sur l'eau, dans la lumière déclinante de l'après-midi. La serveuse devrait arriver pour ramasser votre assiette vide. Elle devrait s'appeler **Monique** ou **Francine,** et pointer la rivière du menton.

Fig. 5. Une horloge O'Keefe.

— C'est beau à ce temps-ci de l'année, hein ?

Dites : « Oui. » Dites : « Mais c'est tranquille chez vous, hein ? »

— Le monde aime mieux aller au Burger King pis au Tim Hortons, astheure. Qu'est-ce que tu veux faire ?

N'oubliez pas : c'est une question purement rhétorique. Il n'y a rien à faire contre les macrotendances économiques ; rien d'autre que subir et se résigner, avec parfois de vagues envies de révolution rapidement chassées par une quelconque distraction. Contentez-vous d'offrir à la serveuse une moue empathique et de la remercier.

Quand vous serez prêt à repartir, levez-vous et allez au comptoir pour payer. Le total devrait tourner autour d'une dizaine de dollars, mais vous ne devriez plus avoir d'argent comptant sur vous. Demandez s'ils acceptent les cartes de débit ou de crédit. La réponse devrait être négative, mais la serveuse vous indiquera la caisse populaire, de l'autre côté de la rue.

Présentez-vous devant le guichet automatique et glissez-y votre carte de débit. Composez votre numéro d'identification personnel (NIP). Appuyez sur « Retrait », sur « 40 $ ». Attendez quelques secondes. « Solde insuffisant », devrait indiquer la machine. Appuyez sur « Information sur le solde ». Lisez : « 7,36 $ ». Appuyez sur « Annuler l'opération ». Reprenez votre carte. Réfléchissez.

Insérez votre carte de crédit. Répétez les opérations. Lisez : « Fonds insuffisants. »

Insérez votre deuxième carte de crédit. Répétez les opérations. Lisez : « Fonds insuffisants. »

Dans votre esprit, visualisez les factures qui s'empilent sur la petite tablette dans votre vestibule, dans des enveloppes même pas ouvertes.

Jetez un coup d'œil à la voiture de votre père, stationnée devant la caisse populaire, et soyez tenté d'y monter et de partir en vitesse. Après quelques secondes de réflexion, n'en faites rien.

Essayez avec votre troisième carte de crédit. Cette fois, la transaction devrait être acceptée. Sachez cependant que c'est parce que le montant est pris directement sur votre marge de crédit personnelle à 17,5 % d'intérêt.

Retournez au restaurant. Payez la serveuse, qui devrait vous remercier et vous souhaiter une bonne journée. Remerciez-la à votre tour et souhaitez-lui, à elle aussi, une bonne journée. Elle devrait alors sourire et attendre que vous partiez. Mais, étrangement, vous ne devriez pas en être capable. Restez là, devant cette dame dans la cinquantaine avancée, sans rien dire. Remarquez ses yeux de la couleur d'un thé fort, ses cheveux aux mèches blondes et rousses, sa blouse blanche en tissu synthétique. Au cou, elle devrait porter un **crucifix en or.**

Son malaise devrait être visible dans ses yeux, dans la forme de ses lèvres. Ouvrez la bouche pour parler, mais sans être capable d'émettre le moindre son. Qu'avez-vous envie de lui dire ? Que vous l'aimez ? Vous auriez l'air ridicule. D'ailleurs, ce n'est pas tout à fait de l'amour que vous ressentez. Une espèce de tendresse, peut-être ? d'affection ? Quelque chose de fort et de troublant pour cette femme et sa mauvaise teinture, son corps portant la marque des années et des cigarettes, son casse-croûte agonisant au menu du siècle précédent (des hamburger steaks ! du jello ! du jus de tomate en entrée !), sa culture en voie de disparition. Vous devriez trouver tout cela extrêmement touchant, sans trop comprendre pourquoi, et ne pas avoir envie de la laisser, cette femme, ne pas avoir envie de retourner à votre isolement, votre route solitaire, votre grisaille individuelle. Vous devriez plutôt avoir le goût de rester avec elle, d'aller vivre chez elle avec son mari plombier ou camionneur, de manger son pâté chinois et de rire en écoutant ses histoires de clients blagueurs et de cousins pas très futés mais au cœur d'or. Imaginez la vie que vous pourriez avoir ici, dans cette petite ville franco-ontarienne ! Vous pourriez travailler au journal local et diriger bénévolement l'équipe de hockey pee-wee ! Vous pourriez épouser une fille de la place, simple et directe comme les filles de l'est de Montréal avec lesquelles vous avez grandi, et lui faire des enfants sans jamais avoir à repenser aux groupes pop suédois ni au prix de la cocaïne !

Y croyez-vous vraiment ? Pas une seconde, bien sûr. Vous êtes bien trop peureux pour faire des changements aussi radicaux.

Laissez cette pauvre femme tranquille. **Sortez et reprenez la route.**

FOMO : vivre avec la peur de manquer quelque chose

De toutes les peurs qui ont affecté votre vie au cours des dernières années[1], la plus constante et en même temps la plus insidieuse devrait avoir été la peur de manquer quelque chose. Manquer quoi ? Tout, n'importe quoi. Le party de la saison, le show de l'année, l'illumination du siècle, le vidéo de la semaine sur YouTube. Vous vous en seriez tellement voulu d'être sagement resté à la maison, par exemple, alors que dans un loft du Vieux-Montréal vos amis auraient eu du plaisir comme ils n'en avaient pas eu depuis des mois.

Avec vos amis, vous avez un nom, pour cette peur : FOMO, pour *Fear of missing out*. C'est donc dire que vous êtes bien conscient de cette peur, de son absurdité, de la tyrannie qu'elle vous impose. Mais ce n'est pas parce que vous en êtes conscient que vous êtes nécessairement capable de la transcender, comme ce n'est pas parce qu'on sait que sa phobie de l'avion est irrationnelle que l'on est nécessairement capable de se dire : « Ma peur de l'avion est exagérée et me gâche la vie, à partir de maintenant je n'aurai plus peur. »

Non, ça ne fonctionne pas comme ça. Et la FOMO continue donc à jouer un rôle fondamental dans votre vie. C'est cette peur qui vous pousse par exemple à quitter le calme de votre appartement, un mardi soir, pour aller assister au lancement du disque d'un nouveau

---

1. La peur de ne pas être *assez* heureux, la peur de ne pas faire les bons choix, la peur de vieillir trop vite, la peur de perdre vos cheveux, la peur que la FDVV ne soit pas la fille de votre vie, la peur que la FDVV vous laisse pour quelqu'un d'autre, la peur de ne plus être dans le coup culturellement parlant, la peur de vous enflammer pour le mauvais *band*, la peur de ne pas voir venir le *Next Big Thing*, la peur de l'échec, la peur que vos amis connaissent le succès avant vous, la peur d'avoir l'air faible, la peur d'être accusé de vous prendre trop au sérieux, la peur de passer pour quelqu'un qui *veut trop*, la peur de ne pas vivre la vie à cent à l'heure, etc.

groupe rock montréalais, même si vous savez déjà que la *hype* qui entoure ce groupe est injustifiée et qu'on n'en entendra plus parler dans six mois. Mais vous y allez quand même, car qui sait ce qui pourrait se produire ce soir-là ? Quelle personne fascinante pourrait vous être présentée ? Quel virage inattendu votre vie pourrait-elle prendre[2] ?

Et c'est aussi cette peur de manquer quelque chose qui, quelques mois plus tôt, devrait avoir fait que vous vous soyez retrouvés, la FDVV et vous, à l'ouverture du premier magasin montréalais d'une multinationale du vêtement *cheap* mais branché. Cet exemple illustre d'ailleurs l'un des aspects les plus insidieux de la FOMO : elle a la capacité de s'appliquer même aux événements les plus ridicules — l'ouverture d'un magasin de linge, pour l'amour du bon Dieu ! Mais vous étiez là quand même, dans le nouveau magasin de la rue Sainte-Catherine qui sentait encore la peinture et le neuf, qui, en fait, sentait la voiture neuve, signe incontestable que l'air était chargé de particules de polychlorure de vinyle en suspension, particules qui, dans quinze ou trente ou cinquante ans, vous donneraient peut-être le cancer[3].

Pourquoi n'étiez-vous pas restés à la maison, ce soir-là ? Pourquoi, au moment où une semi-vedette jolie mais stupide s'était emparée du micro pour souhaiter à tout le monde « une super de bonne soirée », n'étiez-vous pas en train d'essuyer la vaisselle, ou de faire l'amour, ou de lire, ou de travailler à un projet salvateur pour vous et votre société, plutôt que là, dans ce nouveau temple de l'hyperconsommation et des modes éclair inventées de toutes pièces par des spécialistes du marketing ? Vous ne le savez que trop : FOMO.

Vous qui aimez l'ironie, en voici une juste pour vous, vous pouvez y réfléchir en conduisant, pendant que vous traversez quelques villages tranquilles, prenez la route

---

2. Rien de ce genre ne se produit jamais le mardi soir.
3. Center for Health, Environment & Justice, étude, 2008.

qui vous mènera à l'ascension des montagnes, traversez quelques autres villages, des champs, des pinèdes, des marécages : **et si, à cause de votre peur de manquer quelque chose, vous étiez passé à côté de plein de choses importantes** ?

Pensez à cela, et revoyez-vous assis dans une autre voiture, le taxi qui vous ramenait à la maison le soir de l'ouverture de ce magasin de vêtements, pendant qu'à travers la fenêtre défilaient les rues endormies du Golden Square Mile, pendant que l'horloge numérique du taxi indiquait 2 : 47 AM, pendant que la FDVV posait sa tête contre la portière, découragée à l'idée qu'elle devrait se lever à sept heures et qu'elle allait donc passer une autre journée pénible, à cause du manque de sommeil et de l'alcool gratuit des Suédois. Quelque chose aurait-il pu être fait, à ce moment précis, pour remettre votre vie dans la bonne direction ?

Étape 10

Laisser la fille de sa vie

Soyons très honnête, ici : il n'y a pas de bonne manière de laisser la Fille de votre vie. Il y aura toujours :

1) Des larmes ;

2) Des regrets douloureux ;

3) Des accusations qui seront regrettées, plus tard.

Mais l'objectif général devrait avoir été de limiter ces trois éléments.

Vous devriez avoir mûrement réfléchi à votre décision, depuis le temps des fêtes. Était-ce à cause de la **mort imminente** de votre père et du stress, de la fatigue et des remises en question que cela occasionnait chez vous ? de l'**usure** de votre amour, après deux ans de montagnes russes ? ou tout simplement de votre **narcissisme,** de votre **immaturité,** de votre **recherche incessante de la nouveauté,** de votre **incapacité à soutenir un engagement véritable** ? Quoi qu'il en soit, toutes sortes de frustrations auront éclaté au grand jour, vous laissant tous les deux abasourdis par la quantité d'émotions négatives accumulées depuis deux ans.

Les jours devraient s'être enchaînés, enveloppés d'une tristesse diffuse. Mais, officiellement, il devrait y avoir eu le désir que les choses s'arrangent.

Jamais, au grand jamais, vous ne devriez avoir fait ceci : avouer qu'au fond vous aviez maintenant envie d'être célibataire. Que la vie de couple et ses nécessaires compromis en étaient venus à vous peser, et que vous aviez envie de retrouver la **liberté** et l'absence de comptes à rendre qui viennent avec le célibat, et toutes ces jeunes femmes toujours plus jeunes avec leurs jupes en tartan et leurs vestes en jean et leurs tresses compliquées, et tous ces corps nouveaux qu'il serait alors possible de toucher, et ces lèvres étrangères à embrasser, et tout le reste, tout ce qui n'est pas de sempiternelles discussions de couple sur des sujets mille fois épuisés, des chicanes, de l'amertume. Que, avec la mort de votre père — déjà un fait accompli, dans votre esprit —, vous ressentiez l'envie aussi pressante que floue de **mordre dans la vie.**

N'oubliez pas : l'espèce d'explosion d'amour comme vous n'en aviez jamais connu, quand vous avez rencontré la FDVV, une sorte de finale de feux d'artifice dans votre cœur, incroyable, et la façon que vous aviez de la regarder, de la fixer, même, comme pour imprégner à tout jamais son image dans vos neurones, dans votre vie, votre avenir.

Ce qu'on ne nous dit jamais, à propos de l'amour, quand on commence une nouvelle relation

Il est possible que cette personne que vous aimez tant, celle avec qui vous vous voyez déjà finir votre vie, celle dont vous avez l'impression que vous ne vous lasserez jamais, n'aurez jamais assez de son visage, de l'odeur de ses cheveux, de la douceur de sa peau, celle dont vous aimez tant les seins, par exemple, ou les petites mains potelées, roses et irlandaises comme celles de votre grand-mère, celle qui vous fait exploser d'amour et d'espoir et de désir lorsqu'elle fait quelque chose d'aussi simple que replacer une mèche de cheveux derrière son oreille, disons — cette personne, donc, il est possible qu'un jour pas si lointain vous la trouviez absolument insupportable parce qu'elle mord dans sa fourchette, en mangeant.

Vous devriez donc avoir laissé la FDVV. Il est **très important** que cela ait été fait **un mois jour pour jour** après la mort de votre père. D'aucuns souligneront que cette période n'est pas appropriée. Ces gens ont droit à leur opinion. Mais depuis quand faites-vous ce que les autres vous disent de faire ?

D'ailleurs, vous ne devriez pas vraiment avoir choisi le moment de la rupture. Vous aurez laissé les choses se dérouler de façon **organique,** laissé un semi-hasard déterminer le moment de cet événement important de votre existence. Vous aurez fait confiance au destin pour l'accomplissement de votre bonheur personnel.

Par exemple : un matin de la mi-février, alors que la FDVV se préparait à aller travailler. Vous devriez avoir employé avec désinvolture un mot mal choisi, quelque chose qui l'aura blessée, l'aura arrêtée net dans l'action qui l'occupait alors (mettre du mascara, probablement). À ce moment-là, vous aurez été tous les deux rendus au-delà du point où l'on a encore l'énergie pour crier, pour tenter une ixième fois de sauver une relation, pour essayer de régler ce qui cloche. Et donc la FDVV n'aura pas répondu à votre phrase blessante ; elle aura simplement baissé la tête en posant les mains sur le lavabo de la salle de bain. Presque tout de suite après, vous aurez remarqué la larme coulant sur sa joue, la trace grise à cause du mascara pas encore sec. Puis les sanglots tranquilles, peu de temps après. Vous vous serez appuyé contre le chambranle, triste, parce qu'à ce moment précis vous aurez pleinement compris que la FDVV, finalement, ne serait pas la fille de votre vie, et que tous ces espoirs auront été vains, tous ces efforts auront été inutiles, ces certitudes apparemment absolues auront en fait été erronées : ce ne serait pas avec cette fille-là que vous finiriez vos jours, ni que vous auriez des enfants, ni même, en fait, que vous traverseriez l'hiver.

Et la FDVV, de son côté, aura fait les mêmes constats. Et tous les deux, vous aurez donc été brisés, et elle aura pleuré, et plusieurs minutes auront passé comme ça, elle toujours appuyée sur le lavabo, vous contre le chambranle, les yeux rougis et une sorte de monde qui s'écroule autour de vous. À un certain moment, elle devrait même avoir eu une sorte de — comment dire — de truc sur le bord de la narine, mais ça n'aura plus été bien grave, rendu là.

Finalement, après un long moment, elle aura tenté d'éponger ses yeux, sans trop de succès, aura ramassé son porte-document et son manteau, et sera sortie dans le matin trop froid, éblouissant, vous laissant seul à la maison avec un immense sentiment d'échec et de déception.

Il est **très important** qu'elle ait oublié son lunch sur le comptoir de la cuisine.

Étape 11

Transpercer l'obscurité grandissante en laissant un nuage de poussière derrière soi

Reportez votre attention sur votre déplacement actuel. Sur la route presque déserte, sur le ciel gris et bas, sur la musique dans vos haut-parleurs. Ce devrait être mieux comme ça.

Vous roulez, et c'est tout ce dont vous devriez avoir besoin pour le moment. Vous êtes un missile, un projectile, une fusée lancée à la découverte du monde. Vous êtes en feu. Vous *êtes* le feu, et vous transpercez l'obscurité grandissante en laissant un nuage de poussière derrière vous.

Car n'est-ce pas ce que vous avez toujours voulu, au fond, avaler la vie et les expériences et les kilomètres, goulûment, fébrilement, inlassablement ? Depuis les premières poussées hormonales de votre adolescence, c'est ce désir qui vous a habité et vous a motivé : **vivre plus fort,** exister avec passion et intensité, tuer dans l'œuf les risques de regrets subséquents.

Mais avez-vous réussi ? À cet instant, à 110 km/h sur une petite route sinueuse, vous devriez n'en avoir aucune idée. C'est tellement relatif, tout ça. À qui, à quoi se comparer pour déterminer si on a vécu assez fort ? À George Orwell, Vladimir Tatline, Norman Bethune ? Ou au contraire à tous ces gens que vous avez connus depuis quinze ans et qui ont gâché tous les talents que la vie leur avait donnés, qui ont gaspillé leur temps dans des plaisirs futiles et des activités sans but ?

Si votre téléphone sonne, juste à ce moment : ne répondez pas. Ne regardez même pas qui appelle.

N'oubliez pas, à ce moment précis, de monter un peu le volume de la musique. Une chanson que vous aimez devrait jouer, et même si vous savez que rouler vite en auto en écoutant une chanson qu'on aime n'est pas vraiment une manière effective de vivre plus fort, il y a des fois où les simulacres sont mieux que rien.

Connaître quelques personnages importants
de la modernité et leur âge au moment
de certains de leurs accomplissements

20 ans : **Steve Jobs** cofonde Apple Computers.

21 ans : **Marie Curie** codécouvre le radium.

22 ans : **Mark Zuckerberg,** le créateur de Facebook, obtient un investissement de 500 000 $.

23 ans : **Paul McCartney** compose *Eleanor Rigby*.

24 ans : **Madonna** signe son premier contrat avec Sire Records.

25 ans : **Pablo Picasso** peint *Les Demoiselles d'Avignon*.

26 ans : **Albert Einstein** publie quatre articles qui jettent les bases de la physique moderne.

27 ans : **Ernest Hemingway** publie *The Sun Also Rises*.

28 ans : **Jack Kerouac** entreprend l'écriture de *On the Road*.

29 ans : **Jonathan Ive** réalise le design du iMac.

30 ans : **Thomas Edison** invente le phonographe.

31 ans : **René Magritte** termine *La Trahison des images.*

32 ans : **Sigmund Freud** conçoit la psychanalyse.

33 ans : **Susan Sontag** publie *Against Interpretation.*

34 ans : **Tim Berners-Lee** invente le World Wide Web.

35 ans : **Martin Luther King** remporte le prix Nobel de la paix.

Étape 13

Mieux comprendre les élans fiévreux de l'âge d'or de la modernité

À tous les optimistes volontaires ;
À ceux qui, renonçant à la fuite romantique dans le passé,
Brûlent de la passion du futur
Et s'élancent vers la plus vaste vie ;
À ceux qu'exalte la Beauté neuve,
Née des applications mécaniques de la science ;
Aux prophètes de l'Homme Machine,
De l'Homme Multiplié,
De l'Homme Oiseau ;
Aux enthousiastes des Villes Modernes.

NICOLAS BEAUDUIN, *La Poésie paroxyste,*
manifeste, 1911

Pouvez-vous le sentir, cet espoir ? Pouvez-vous le voir dans les yeux fiévreux des artistes, dans les plans fous des industriels, dans la prose enflammée des rédacteurs de manifestes, en ce début du XXᵉ siècle ?

S'il y a une caractéristique qui peut définir l'âge d'or de la modernité (1900-1950, disons), c'est sans doute la croyance absolue en la capacité, pour l'homme, de construire, améliorer, déconstruire, transformer son environnement. C'est une attitude progressiste et optimiste, et résolument utopiste.

Le **modernisme,** le mouvement artistique lié à la modernité, est une grande expérimentation. Les modernistes sont charmés par les nouvelles réalités de l'âge des machines et sont convaincus que tous doivent maintenant modifier leur vision du monde et accepter que ce qui est nouveau est bon, est vrai, est beau.

Fauvisme, futurisme, imagisme, fonctionnalisme, cubisme, dadaïsme, constructivisme, expressionnisme, suprématisme, surréalisme… Dans une avalanche de mouvements éphémères, de manifestes et de mots en -isme, l'avant-garde est convaincue de la valeur du travail exploratoire, de sa place dans la découverte progressive du monde moderne. Tout est à faire, à refaire !

J'ai percé l'abat-jour bleu des restrictions des couleurs, j'ai débouché dans le blanc ; camarades aviateurs, voguez à ma suite dans l'abîme, car j'ai érigé les sémaphores du suprématisme. J'ai vaincu la doublure bleue du ciel, je l'ai arrachée, j'ai placé la couleur à l'intérieur de la poche ainsi formée et j'ai fait un nœud. Voguez ! Devant nous s'étend l'abîme blanc et libre. Devant nous s'étend l'infini.

KAZIMIR MALEVITCH, *Manifeste du suprématisme,* 1919

Et l'effroyable gâchis de la Première Guerre mondiale ne vient qu'amplifier et accélérer ce désir — ces millions de gens morts, blessés, amputés, traumatisés à vie, ces tragédies innombrables, ces horreurs, ces épidémies, ces nuages de gaz flottant au-dessus des tranchées, et tout ça pour rien, pour de vieux empires chambranlants, pour quelques kilomètres carrés de champs, pour des notions révolues. Il faut profiter de cette catastrophe pour faire table rase du passé[1], construire sur les ruines de l'Europe un monde meilleur, réaliser l'utopie.

Vladimir Tatline, un bel exemple de capacité à rêver

Le peintre, sculpteur et architecte Vladimir Tatline (1885-1953) est l'incarnation parfaite des aspirations modernistes[2]. On l'a baptisé père du constructivisme, bien qu'il ait toujours rejeté ce titre.

Tatline était, fondamentalement, un poète. Leader tranquille, il était reconnu pour ses manières douces, ses habiletés manuelles, et la musique folklorique qu'il jouait tendrement sur des instruments qu'il avait lui-même fabriqués.

Né en Ukraine d'un père ingénieur ferroviaire et d'une mère poète, le jeune Vladimir entreprend sa carrière artistique comme peintre d'icônes, dans un Moscou en pleine fièvre révolutionnaire[3]. Rapidement, il s'intéresse aux nouveaux développements technologiques et aux applications de ceux-ci dans l'art et la vie quotidienne. Profondément marqué par les idéaux communistes, Tatline considère que la classe ouvrière est le produit de la machine, et que cette dernière doit aussi être utilisée pour protéger et consolider la révolution.

---

1. « Du passé faisons table rase / Foule esclave, debout ! debout ! / Le monde va changer de base / Nous ne sommes rien, soyons tout ! » (*L'Internationale*, 1871).

2. Remarquez d'ailleurs comme la durée de sa vie recouvre exactement l'âge d'or du modernisme.

3. Imaginez les assemblées sur les places publiques ! les pamphlets ! les cris du monde nouveau en train d'être inventé de toutes pièces !

Fig. 6. Vladimir Tatline devant une maquette de son *Monument à la Troisième Internationale.*

Le constructivisme est le mouvement artistique et architectural qui résulte de cette philosophie. Les constructivistes, avec Tatline à leur tête, rejettent l'art « pur », optant plutôt pour l'art en tant qu'instrument de changement social. Ils cherchent une démarche qui engloberait à la fois l'activité intellectuelle, les besoins matériels et la spiritualité. La plupart de leurs créations combinent ainsi l'art et l'engagement politique.

Vladimir Tatline est surtout connu pour son *Monument à la Troisième Internationale (fig. 6).* Rendu public en 1920 sous forme de maquette, le projet consiste en une gigantesque tour qui serait érigée à Petrograd[4] et qui, avec ses 400 mètres de haut, dépasserait la tour Eiffel d'un bon tiers. Dans ses matériaux (fer, verre, acier), sa forme (une double spirale) et sa fonction (quartier général de l'Internationale communiste, dont l'objectif est la révolution mondiale), la tour se veut une manifestation éclatante de la modernité. La structure principale consiste en trois énormes volumes géométriques en verre, symbole de la transparence du gouvernement : un cube, où seraient présentés des conférences et des congrès ; un cône, siège des activités administratives ; et finalement un cylindre, qui devrait comprendre un centre d'information diffusant des manifestes par radio, télégraphe et haut-parleurs. Chacune de ces trois structures doit effectuer une rotation sur elle-même à une vitesse différente : le cube en une année, le cône en un mois, et le cylindre en un jour. Tatline envisage de plus

---

4. Qui, au gré des bouleversements politiques du XXe siècle, s'appellera plus tard Leningrad, puis reprendra son nom originel de Saint-Pétersbourg.

la construction, sur ce même cylindre, d'un gigantesque écran extérieur, avec un projecteur qui permettrait de projeter des messages sur les nuages[5]. Le monument se veut donc une structure dynamique avec un objectif dynamique — une machine à révolution !

Mais le début des années 1920 n'est pas vraiment une époque propice aux grands projets symboliques, en Union soviétique, alors que la guerre civile continue de déchirer le pays (15 millions de morts) et d'anéantir l'économie. On a estimé que l'acier nécessaire au projet de Tatline représentait l'ensemble de la production russe sur une période de dix ans. Le monument ne sera donc jamais construit, et le rêve de Tatline restera à l'état de maquette.

Par la suite, Tatline se consacrera à des objets d'utilité plus courante : vêtements, articles ménagers, etc. Il tentera également de mettre au point une machine à voler individuelle, sorte de bicyclette volante.

Partout en Europe, l'art se combine aux idées révolutionnaires, au design et aux machines.

Au Bauhaus *(fig. 7)*, l'école fondée à Weimar par Walter Gropius, on révolutionne l'art, l'architecture, le graphisme, la typographie, le design d'intérieur et le design industriel — tout ça dans une Allemagne constamment au bord de la faillite et de la guerre civile, où socialistes et nazis se battent à poings nus dans les brasseries (et où le pire est encore à venir, bien sûr).

Fernand Léger peint des mécaniciens tatoués avant de se mettre au film en 1923 pour tourner *Ballet mécanique*.

Installé à Barcelone après un séjour à New York, Francis Picabia dessine des pièces de machinerie sur les couvertures de sa revue, *391*.

---

5. Des messages sur les nuages !

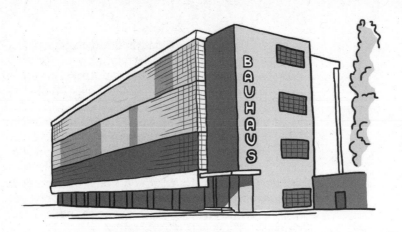

Fig. 7. Le Bauhaus, Dessau.

Le Corbusier invente le purisme et lance le magazine *L'Esprit nouveau,* inspiré du Bauhaus ; bientôt, il conceptualisera la ville moderne, toute en gratte-ciel et en larges avenues rectilignes.

De nombreux designers s'attèlent à la conception d'un uniforme approprié à la nouvelle ère qui s'amorce : à Saint-Pétersbourg, Rodchenko produit un deux-pièces inspiré des vêtements d'un ouvrier ; à Florence, Thayaht dessine le tuta, un costume une pièce aux lignes droites, pour hommes et garçons, qui connaît une popularité immédiate en Italie quand le quotidien *La Nazione* en publie le patron ; à Moscou, on retrouve notre ami Tatline occupé à cette recherche d'un habillement standard pour l'homme nouveau — sa création est une merveille d'ingéniosité (avec sa flanelle et sa fourrure apposables pour l'hiver et ses manches larges qui préviennent l'accumulation de sueur), mais ne sera jamais produite à grande échelle.

Et il faudrait parler de Brecht, Braque, Duchamp, Breton, Dalí, Moholy-Nagy, Van der Rohe, Apollinaire, Kandinsky, Tzara, Schoenberg, Magritte… du mélange des formes artistiques lors des événements dadaïstes (au Cabaret Voltaire, à Zurich !) et futuristes, ou de Cocteau, par exemple, qui conçoit avec Picasso, Satie et Massine un ballet qui sera créé par les Ballets russes, ou de Blaise Cendrars, qui demande à Picabia, Léger et Doisneau d'illustrer ses poèmes.

Voulons, concevons et créons ensemble la nouvelle construction de l'avenir, qui embrassera tout en une seule forme : architecture, plastique et peinture, qui s'élèvera par les mains de millions d'ouvriers vers le ciel futur, comme le symbole cristallin d'une nouvelle foi prochaine.

WALTER GROPIUS, *Manifeste du Bauhaus*, 1919

Il faudrait parler du cinéma : Buñuel, Eisenstein, Norman McLaren, le développement d'Hollywood. De la naissance d'une nouvelle façon de raconter des histoires. De la magie de la technique.

Dans un local surpeuplé et bariolé de couleurs se tiennent sur une estrade quelques personnages fantastiques qui sont censés représenter Tzara, Janco, Ball, Huelsenbeck, madame Hennings et votre humble serviteur. Nous sommes en train de mener un grand sabbat. Les gens autour de nous crient, rient et gesticulent. Nous répondons par des soupirs d'amour, des salves de hoquets, des poésies, des « Oua, Oua » et des « Miaous » de bruitistes moyenâgeux. Tzara fait sauter son cul comme le ventre d'une danseuse orientale. Janco joue un violon invisible et salue jusqu'à terre. Madame Hennings avec une figure de madone essaie le grand écart. Huelsenbeck n'arrête pas de frapper sur une grosse caisse, pendant que Ball l'accompagne au piano, pâle comme un mannequin de craie.

JEAN ARP, à propos d'une soirée
au Cabaret Voltaire

Et il faudrait parler de littérature, bien sûr, de Joyce et Eliot et Kafka et Mann et Dos Passos et Wolfe et Conrad et Faulkner et Fitzgerald et Orwell et tous les autres. Et Pound ! Oui, il faudrait parler d'Ezra Pound, porteur de l'imagisme et du vorticisme, né dans le Territoire de l'Idaho alors que les Indiens s'y promenaient encore librement, mort à Venise en 1972 à l'âge de 87 ans, en plein postmodernisme, et de qui le critique Hugh Kenner a dit : « En le rencontrant, j'ai soudainement su que j'étais en présence du cœur du modernisme. » Il faudrait décrire comment Pound a lié entre eux tous ces gens, les dadaïstes et les marxistes, les surréalistes et de bons vieux Américains du Midwest comme Hemingway (qui, dans *A Moveable Feast*, raconte qu'il n'a jamais été capable d'asséner un bon crochet de gauche à Pound !). Et comment Pound symbolisera la dérive d'une bonne partie du mouvement moderniste durant les années 1930, alors qu'il appuiera le fascisme et l'antisémitisme, de la même façon que Salvador Dalí, de retour en Espagne après la guerre civile, se rangera résolument du côté du dictateur Franco (à l'instar de Brecht qui, lui, endossera les pires abus du communisme, en URSS et plus tard en Allemagne de l'Est).

Il faudrait parler de ce qu'elles ont en commun, les œuvres littéraires modernistes. Leur difficulté d'approche, peut-être. Le travail qu'elles nécessitent pour le lecteur. Comparés aux gros romans réalistes du XIXᵉ siècle, ceux de l'avant-garde moderniste sont beaucoup plus exigeants. Il faut travailler pour espérer comprendre — faire des liens, coller des choses qui ne semblent pas aller ensemble, transformer en sens cette aridité de prime abord rébarbative.

Mais l'engagement qu'il y a dans ces œuvres ! La sincérité ! Le sentiment que la littérature est encore quelque chose d'important, qui peut améliorer notre vie et changer le monde !

George Orwell, un bel exemple d'engagement véritable

En 1936, George Orwell se rend dans le nord de l'Angleterre pour observer les conditions de vie des mineurs. Il en tire un livre, *The Road to Wigan Pier*. La conversion d'Orwell à la cause socialiste survient alors, brutalement, comme une évidence, face à l'injustice sociale et à la misère du prolétariat anglais. Plus tard cette même année, alors que fait rage la guerre d'Espagne, Orwell et son épouse adhèrent au POUM (Partido obrero de unificación marxista, socialistes révolutionnaires). Il sera blessé au front et contraint de quitter clandestinement l'Espagne.

Oui, il y aurait bien d'autres choses à dire sur ces gens qui ont inventé le monde dans lequel vous vivez. Mais il faut avancer, parce que vous êtes pressé et que votre capacité d'attention est limitée. Par ailleurs, les modernistes ayant tellement insisté sur le fait que le passé n'a pas d'importance, on ne va quand même pas s'attarder à leur histoire…

Et puis, de toute façon, rendu là (autour de 1930, disons), les idées modernistes ont depuis longtemps été démocratisées et répandues par l'industrie, la politique et la **culture de masse.**

Cette dernière s'est développée de façon exponentielle. Le cinéma, la radio, les publications à grand tirage, la photographie, la publicité : tout cela contribue à opérer une révolution dans la façon dont les gens conçoivent leur existence, leurs rêves, leurs désirs.

La publicité, en particulier, devient une industrie en soi, un médium, même, qui présente aux masses un univers infini d'aspirations et d'identités possibles. Très tôt, les publicitaires, ces bâtisseurs de la société de consommation, ont adopté les outils modernistes : le cinéma, le design moderne, le jazz, la psychanalyse et sa connaissance de nos pulsions secrètes, de nos désirs inconscients. Déjà, la distinction entre l'art et la publicité commence à s'estomper.

 Quand la cinéaste Leni Riefenstahl utilise les inventions modernistes pour faire la promotion du régime nazi (*Le Triomphe de la volonté*, 1935), qui peut dire où finit l'art et où commence la propagande ?

Les villes, aussi, se sont développées à une vitesse exponentielle depuis le début du XXᵉ siècle. Leur population a explosé. Et dans ces villes, soumis aux forces de la publicité et du capitalisme, les individus voient leurs besoins changer, de nouveaux désirs apparaître. Pris dans la masse, ils éprouvent le besoin fondamental de s'en distinguer : la ville est un endroit où un bénéfique anonymat est possible et où, à la fois, le désir de se détacher du lot est exacerbé. La consommation devient une façon de démontrer son individualité, son succès, son ascendant social.

Le temps lui-même change. L'éclairage artificiel raccourcit la nuit et étire les journées de travail. De nouveaux modèles économiques comme le taylorisme et le fordisme transforment l'essentiel de la vie humaine en « unités de travail ». L'efficacité est une chose magnifique.

Culturellement, politiquement, économiquement, la table est donc mise : tout cela sera pour le mieux, pour le bien de l'homme et de la femme. Et rien de ce qui surviendra par la suite, les catastrophes et les révolutions, la Grande Dépression et le fascisme, l'effroyable

Seconde Guerre mondiale, les holocaustes et les bombes atomiques, les rois philosophes et les nouveaux prophètes, les guerres chaudes ou froides, rien de tout ça n'empêchera la marche inexorable de la modernité et l'arrivée d'un monde meilleur.

Étape 14

Rédiger son manifeste personnel

Un manifeste est une série d'énoncés qui précisent ce que vous cherchez à accomplir, dans la vie. Qui êtes-vous ? Que désirez-vous ? Qu'est-ce qui vous distingue des autres ?

Le fait de pouvoir compter sur votre propre manifeste vous aidera à vous concentrer sur votre essence personnelle et vos objectifs de vie. L'idée est de réduire vos buts à leur plus simple expression, des phrases courtes que vous pourrez vous répéter comme des mantras.

Les étapes

1

Comprendre : un manifeste est une déclaration publique de vos intentions et de vos désirs, de ce que vous aimez, de ce que vous êtes. Un manifeste peut même exprimer vos opinions politiques, si vous en avez.

2

Rédiger : composez votre manifeste personnel en tenant compte de vos expériences passées, croyances, conflits, passions, désirs, etc. Pour vous aider, vous pouvez commencer vos phrases par des expressions comme : « Je suis », « Je crois », « Je veux », « Je ne veux pas », « Je », « Je », « Je ».

3

Diffuser : n'oubliez pas que les choses n'existent vraiment que si les autres en sont informés. Il est donc important de leur transmettre le contenu de votre manifeste personnel. Ce ne sont pas les moyens de communiquer qui manquent, de nos jours :

> a) Site Internet ;
>
> b) Blogue ;
>
> c) Médias sociaux : Facebook, Twitter, etc. ;
>
> d) Messages-textes ;
>
> e) Courriels ;
>
> f) Etc.

Montrez-leur quel être exceptionnel vous êtes !

Étape 15

Retourner au chalet construit par son père trente ans plus tôt

Quand vous atteindrez finalement votre destination, le soleil devrait être bas à l'ouest.

Roulez lentement sur le chemin de terre isolé qui mène au chalet que votre père a construit ici, sur le bord de ce lac, trente ans plus tôt — ce même chemin où, enfant, vous avez roulé encore plus lentement, assis sur ses cuisses, serrant fort le volant, rêvant de devenir pilote de Formule 1.

Il devrait être évident que personne ne sera passé ici depuis au moins quelques semaines. Il restera une couche de glace sur les segments ombragés du chemin. Éteignez la musique, et écoutez la glace se briser sous la voiture, comme une déchirure.

Ce chemin devrait se terminer par une descente assez prononcée. L'hiver, votre père avait l'habitude de se stationner à son sommet, à cent mètres du chalet. Mais en voyant qu'il ne reste plus de neige au bas de la pente, décidez de la descendre en voiture. Tout ira bien.

Rendu en bas, cependant, vous devriez immédiatement vous rendre compte qu'à cet endroit la terre tient plus du marécage. Les pneus tourneront à vide dans le sol spongieux, sans que la voiture avance d'un pouce. Pire, elle s'enfoncera un peu plus à chaque coup d'accélérateur. Votre père — du moins en ce qui a trait aux techniques de conduite automobile en milieu naturel — avait raison.

Dites : « Tabarnac. » Dites : « Ostie de câlice de tabarnac. » Frappez-vous la tête contre le volant en maudissant votre stupidité. Votre premier réflexe devrait être d'ouvrir votre téléphone portable ; restez quelques secondes à fixer l'écran lumineux indiquant qu'aucune connexion n'est disponible. De toute façon, qui auriez-vous bien pu appeler ? Personne n'aurait voulu venir vous dépanner ici dans le noir.

Frappez le volant avec votre poing, en donnant involontairement un petit coup de klaxon. Maudissez-vous à nouveau. Soupirez. Vous devriez vraiment avoir envie d'être chez vous, à ce moment précis, plutôt que pris dans la boue à 200 kilomètres de là, avec la nuit qui tombe. Vous devriez un peu souhaiter que la Fille de votre vie (FDVV) soit là, elle aussi. **N'oubliez jamais** de vous ennuyer d'elle lorsque la nuit tombe.

Sortez de la voiture, refermez la portière. Le bruit devrait retentir dans le silence ambiant, se répercuter sur la montagne derrière vous.

Vous devriez cependant très vite oublier votre fâcheuse situation en jetant un coup d'œil autour de vous. Les couleurs du couchant, les arbres centenaires bordant le terrain, la vue sur le lac peut-être encore plus belle que dans vos souvenirs, comme si avec les années vous aviez acquis une meilleure appréciation de ce genre de paysage : les montagnes de l'autre côté, le dôme du ciel, les grands pins blancs. Le lac devrait encore être recouvert de glace, et le soleil y jeter ses dernières lueurs. Tout autour de vous : du rose, de l'orangé, du turquoise, de l'indigo.

Et il y a le chalet, bien sûr, imposant en contrejour. Sa forme, sa structure, vous devriez en avoir un souvenir presque physique, pour avoir passé tant de temps ici, l'avoir tant de fois regardé, observé, dessiné. Mais il devrait y avoir quelque chose de différent, et rapidement vous devriez réaliser que c'est parce que quand votre père a dû vendre le chalet, étranglé par les taux d'intérêt des années 1980, il n'avait pas encore terminé la finition extérieure, laissant tout ça sur le papier goudronné. En vous approchant, remarquez que le(s) propriétaire(s) subséquent(s) a/ont fini le tout de manière désastreuse : une espèce de faux bois de couleur non naturelle, des éléments en PVC blanc, de la fausse pierre. Vous devriez être profondément navré par le manque de goût de cet/ces individu(s), de ses/leurs conseillers en rénovation, de votre époque au complet. Ce désintérêt total pour la beauté, cette absence de conscience de la permanence de certaines choses et du soin qui devrait être apporté à leur fabrication.

Plus jeune, vous devriez avoir si souvent imaginé à quoi ressemblerait la maison une fois la finition extérieure terminée, avec les matériaux nobles désirés par votre père — le pin rouge, le chêne, la pierre des champs. Alors là, devant la laideur générale de l'ensemble, vous devriez ressentir une espèce de nausée. Votre père se retournerait dans sa tombe s'il ne se trouvait pas présentement dans une petite boîte sur la banquette arrière de sa propre voiture.

Tentez cependant d'ignorer votre dégoût et votre colère, et continuez à avancer vers le chalet. À ce point-ci, le soleil devrait être couché, et la surface blanche du lac devrait avoir acquis cette lueur étrange qui lui vient quand il fait presque noir[1].

---

1. Ce même blanc bleuté que vous avez vu sur le visage de filles pâles, dans l'obscurité d'une chambre juste avant l'aube, à la fin de l'hiver.

Et c'est alors que vous l'apercevrez : la pancarte « À vendre ». Elle sera posée sur la galerie arrière et balancera doucement au gré du faible vent. Observez-la longuement.

Montez sur la galerie, là où il y a vingt-cinq ans, assis sur le contreplaqué brûlant, vous regardiez passer l'été, des grains de sable sous les cuisses, les cheveux pâlis par le soleil. Collez votre front contre la vitre recouverte de la poussière de l'hiver, placez vos mains en œillères, regardez à l'intérieur. Il ne devrait y avoir aucun signe de vie. Vérifiez la porte, qui devrait s'avérer verrouillée.

Allez à l'avant, en remarquant au passage le hideux faux puits qu'un imbécile a fait installer sur le terrain. La porte avant devrait elle aussi être verrouillée, évidemment. Un animal non identifié devrait émettre un cri qui vous semblera moqueur. Envoyez-le donc chier.

Soufflez sur vos mains nues pour les réchauffer, en vous demandant ce que vous pourriez bien faire maintenant. Assoyez-vous dans les marches de l'escalier. Regardez cette ligne d'horizon que vous connaissez par cœur.

Expirez lentement.

Il y a quelque chose de mélancolique dans la nature, à cette heure-là du jour, quand la lumière semble vouloir s'accrocher de toutes ses forces devant l'avancée de la nuit et que le bruant à gorge blanche perce le silence de son chant triste. Comme un vague sentiment de regret devant la fin de cette journée qui ne reviendra pas, devant ces tâches restées inachevées, ces paroles non dites, ces questions restées en suspens. Mais c'est un regret bénéfique, parce qu'il permet de prendre la mesure du temps qui passe, qui ne reviendra pas, et de la nécessité d'en profiter. En ville, la tombée de la nuit ne fait qu'annoncer le début d'un autre type d'activités, de cette autre vie qui se met en branle, et cette continuité permet de se faire croire que l'on évolue dans un présent perpétuel, sans lendemain, sans fin, sans mort.

 Souvent, l'été, votre père s'assoyait ici, dans ce même crépuscule, dans ce même escalier. Les marches n'étaient pas en plastique gris, à l'époque, mais plutôt en pin épais. De loin, vous le voyiez réfléchir et fumer des cigarettes, une bouteille de bière ou de crème soda à côté de lui. À quoi réfléchissait-il, à ce moment-là ? À quel avenir, quel souvenir, quels tracas ? Il regardait tout ça, cette même ligne de montagnes, cette même dernière lueur dans le ciel, et il pouvait rester une heure comme ça, sans bouger sauf pour allumer une cigarette ou porter la bouteille à ses lèvres. Puis, quand le soleil avait complètement disparu, que les criquets avaient commencé à chanter et les chauves-souris à sillonner l'obscurité de leur vol fou, votre père écrasait du pied sa cigarette sur la marche, se levait et rentrait, sans dire un mot.

Que faire maintenant ? Trois options s'offrent à vous :

1) Marcher jusque chez un voisin dans l'espoir de trouver quelqu'un qui viendra vous aider à pousser la voiture, peut-être vous fournira des Traction-Aid, du sable, des planches.

2) Marcher jusque chez un voisin et demander qu'il vous aide à faire venir quelqu'un qui pourra vous aider à vous déprendre[2].

---

2. Mais qui, étant donné qu'il est très probable qu'un remorqueur refuse de s'aventurer ici, de peur de rester pris à son tour ? Quelqu'un en véhicule tout-terrain ? Quelqu'un équipé d'une paire de chevaux de trait ? Tout cela est absurde.

3) Dormir dans la voiture, en espérant que demain la température vous permettra de remonter la pente.

Vous devriez choisir l'**option 3,** celle qui demande le moins d'effort. Retournez donc à la voiture, en vous préparant mentalement à avoir très froid cette nuit.

Dans le coffre, il devrait y avoir l'une de ces couvertures de survie faite d'un matériau brillant qui semble être un sous-produit de la conquête de l'espace. Prenez-la, ainsi que la bougie d'urgence qui devrait aussi traîner au fond du coffre. **Note :** ces deux accessoires devraient avoir été achetés par votre père, toujours prévoyant. Qu'auriez-vous à votre disposition sans cela, hipster mal préparé ? Un contenant de lave-vitre vide et un vieux numéro de l'hebdomadaire culturel pour lequel vous écrivez.

Normalement, vous devriez alors avoir envie d'uriner. Déposez votre couverture et votre bougie sur le toit de la voiture et exécutez-vous. Le son de votre urine transperçant les restes de neige croûtée devrait briser le silence.

Mais écoutez, là, au loin… Qu'est-ce que c'est, ce hurlement ? Un **loup,** sans doute, ou un **coyote.** Vous devriez vous sentir très loin du Mile End.

Il est maintenant temps de vous préparer pour la nuit. Vous ne devriez pas vraiment être fatigué, mais qu'allez-vous faire d'autre ? Lire votre hebdomadaire pour réaliser que tout ce qui y est écrit n'a plus aucune importance, à peine trois mois après sa parution ? Relire vos propres textes et ressentir de façon encore plus douloureuse leur profonde vacuité, malgré les tournures de phrase réussies, l'humour souvent amusant ? Vous n'êtes pas masochiste à ce point, quand même.

Enlevez votre manteau. Sortez tous les chandails de votre sac de toile et enfilez-les. Remettez votre manteau. Dépliez la couverture sur vous. Trouvez dans la boîte à gants de vieilles allumettes ayant appartenu à votre père[3]. Allumez votre misérable chandelle.

Pensez : « Toute une façon de passer son vendredi soir. » Rappelez-vous : l'excitation que vous pouviez percevoir le vendredi soir quand, assis à côté de votre père dans la voiture, en route vers un restaurant ou le chalet, vous regardiez le Montréal lumineux et clignotant et frénétique défiler par la fenêtre. Vous étiez jeune et ne saviez pas grand-chose de la vie, mais votre intuition vous permettait malgré tout de sentir qu'il y avait dans l'air une ambiance particulière — vous pouviez entrevoir les possibilités de ces nuits-là, leurs mirages magnifiques, leurs espoirs et leurs visions. Ils brillaient comme des robes à paillettes, ils sentaient le plaisir, le sexe, la décadence, et vous aviez tellement hâte d'être grand, vous aussi, afin de pouvoir à votre tour vous lancer dans la nuit, dans les portes tournantes des restaurants, les grandes artères balisées de néon, les bars enfumés et les bras parfumés des femmes. Et possiblement qu'à quinze ans, lorsque vous avez enfin pu commencer à explorer les bars de la rue Crescent et les brasseries de l'est de la ville, c'était cette excitation-là que vous recherchiez, ces possibilités anticipées enfant, dans la voiture de votre père. Et peut-être même que c'est encore cela que vous cherchez dans la nuit, vingt ans et un millier de vendredis soir plus tard, comme un héroïnomane qui essaie de retrouver l'intensité de son premier *high*.

Mais vous en êtes bien loin, de ces visions, en ce vendredi soir. Vous vous sentez ridicule, n'est-ce pas ? Que vous avez l'air con, dans votre voiture embourbée, avec la buée qui s'échappe de votre bouche

---

3. Il fumait en cachette, même après avoir appris qu'il avait le cancer. Mais en cachette de qui, de quoi ?

et cette **stupide chandelle** et cette **stupide couverture de l'espace** ! Si vos amis vous voyaient, ils vous trouveraient absolument hilarant[4] ! Et si la FDVV vous voyait, elle, elle ne pourrait s'empêcher d'y trouver une très plaisante forme de satisfaction : vous, trou de cul, pris dans la boue, sans personne pour vous aider. Ha ! Elle sourirait sûrement. « Bien fait, mon estie », ne pourrait-elle s'empêcher de vous dire. Et vous seriez bien obligé d'admettre que oui, la justice cosmique vous a rattrapé. Elle vous regarderait alors en secouant lentement la tête.

— Tu sais que je ne souhaiterais de mal à personne, [votre prénom]. Mais là, de te voir comme ça, oui, je suis contente.

— Je sais. Je comprends.

— Sais-tu vraiment ? Comprends-tu vraiment ? Sais-tu, [votre prénom], combien j'ai eu mal, depuis deux mois ? Sais-tu combien de fois je me suis endormie en pleurant, et combien de fois je me suis remise à pleurer dès mon réveil ? Combien de fois le gars à l'entrée de Radio-Canada m'a demandé si j'avais la grippe, en voyant mes yeux gonflés par les larmes et le manque de sommeil, et trop de cigarettes, et trop d'alcool ?

---

4. Imaginez-les en ce moment, buvant de la bière dans un bar-restaurant de la rue Duluth, ou avalant des tapas dans la salle à manger d'un club social espagnol, ou échangeant des potins dans un 5 à 7 quelconque, riant et bavardant, s'envoyant des messages texte et des clins d'œil, avec peut-être une petite pensée pour vous, se demandant pourquoi vous ne retournez pas vos appels et courriels, mais n'en faisant pas grand cas, vous oubliant aussitôt et retournant à leurs conversations et leurs blagues et leurs manœuvres de séduction, absorbés par leurs propres plans pour ce vendredi soir, leurs propres espoirs, leur propre excitation alimentée toute la journée par une activité fébrile sur les médias sociaux et les logiciels de clavardage.

— Non, combien de fois ?

— Trop. Trop de fois. Et ne fais pas ton comique, tu sais ce que je veux dire.

— Mais si je ne fais pas mon comique, qu'est-ce que je vais faire ?

— Un homme de toi, crisse ! Prends les moyens que tu veux pour y arriver, mais fais-le ! Tu vas avoir trente-cinq ans demain, fuck ! Le temps commence à manquer, [votre prénom] !

— Je donnerais tout ce que j'ai pour que les choses soient autrement. Mais il y a des choses sur lesquelles on n'a pas de contrôle.

— Il y a des choses sur lesquelles on n'a pas de contrôle, mais il y a surtout des choses sur lesquelles on *décide* de ne pas avoir de contrôle. C'est ça, prendre ses responsabilités. C'est ça, s'engager. C'est dire : « Cette chose-là est à ce point importante à mes yeux que je vais tout faire pour la réussir. » Et une fois qu'on a dit ça, on passe à l'action, et on ne lâche pas ! On ne lâche pas à la première contrariété, on ne lâche pas au premier doute, on ne lâche pas la première fois qu'une fille *cute* nous offre la possibilité de coucher avec elle. On va jusqu'au bout.

— Mais il est où, le bout ?

— C'est quoi, là ? T'essaies d'avoir un dialogue philosophique avec moi ? Mange de la marde !

— Non, je pose sincèrement la question : c'est quoi, le bout ? Quand est-ce qu'on sait qu'on est vraiment allé au bout de quelque chose ?

— On le sait, c'est tout ! C'est comme demander : « Quand est-ce qu'on sait qu'on a eu un orgasme ? » ou « Quand est-ce qu'on sait qu'on est amoureux ? » Y a pas de définition — on le sait, c'est tout. Et je sais que nous deux, toi et moi, mon amour, on n'est pas allés jusqu'au bout. Mais, ah, whatever.

— Je m'ennuie de toi.

127

— Ne me dis pas ces choses-là. Surtout quand, au même moment, tu couches avec la moitié de la ville pis que —

— Franchement, tu dis n'importe quoi, je —

— Eille, c'est petit, Montréal, tout se sait. Anyway : si un jour t'as quelque chose de sérieux à me proposer, tu le feras. En attendant, garde tes états d'âme pour toi. Ah, et [votre nom], une dernière chose…

— Quoi ?

— Ta bougie.

— Quoi, ma bougie ?

— Tu penses vraiment t'endormir dans une voiture avec une bougie allumée ?

— C'est dangereux, tu penses ?

— Allô…

— Ouin. Mais au point où j'en suis, mourir dans l'explosion de mon char, être incinéré dans une boule de feu orange qu'on verrait jusqu'au bout du lac, ça ne me dérangerait pas tant que ça. Il y aurait quelque chose de spectaculaire, au moins, quelque chose à la *Dukes of Hazard*. C'est pas plate, une grosse boule orange.

— Fais donc pas ton suicidaire pour t'attirer de la sympathie. Ça ne marchera pas avec moi. Éteins ta bougie pis crisse-moi patience.

— Ok, whatever.

Soufflez votre bougie. Il devrait faire complètement noir, maintenant. Le froid, déjà, devrait être désagréable, avec son humidité épaisse. Autour du point de congélation, probablement. Fermez les yeux, et essayez d'imaginer ce que ce sera, à quatre heures du matin. Tout cela n'a aucun sens, bien sûr.

Portez votre regard sur le chalet. Dites-vous que les propriétaires y ont sûrement laissé du chauffage, pour éviter que les tuyaux ne gèlent. Imaginez la douce chaleur qui doit y régner.

Repensez maintenant à combien vous allez avoir froid, ici, dans la voiture.

Regardez à nouveau le chalet. Puis la voiture. Puis le chalet.

Convainquez-vous qu'il existe une sorte d'exception légale qui vous autorise à entrer par effraction quelque part si votre vie est en danger[5]. Décidez de voir ce que vous pouvez faire pour entrer dans le chalet construit par votre père, de ses mains aujourd'hui réduites en cendres.

---

5. Votre vie n'est pas du tout en danger, bien sûr, mais votre avocat saura convaincre le juge.

Étape 16

Respecter la procédure entourant la mort de son père

1. S'occuper de lui

Votre père ne devrait pas être mort tout de suite après la découverte de son cancer, bien sûr. Il aura éventuellement reçu son congé de l'hôpital et sera retourné chez lui, dans sa trop grosse maison de banlieue.

Cela dit, précisons tout de suite quelque chose : il devrait avoir été clair pour tout le monde que votre père ne vivrait pas très long-temps. Vous l'aurez su, votre sœur l'aura su, toute votre famille, les amis de votre père. Votre père, aussi, l'aura su. Mais, pour des raisons que vous ne comprendrez jamais vraiment, votre père aura conti-nué à agir comme s'il n'allait pas mourir. Il aura continué, en fait, comme si de rien n'était. Comme si ce n'était pas des métastases qu'il avait, mais un ongle incarné. L'objectif aura donc été, pour tout le monde, de continuer à vivre d'une manière artificiellement natu-relle, en réagissant aux signes évidents de la déperdition de votre père comme s'ils n'étaient que les symptômes passagers d'une mala-die en voie de guérison.

Des traitements de chimiothérapie devraient donc avoir été entrepris, et des conversations quotidiennes sur les progrès devraient avoir eu lieu. Pendant quelques mois, chacun aura fait mine de mener un combat de tous les instants contre la maladie. Avec comme résultat, bien sûr, que jamais vous n'aurez pu essayer d'avoir avec votre père une conversation sur la mort, la vie, le fait que bientôt il disparaîtrait et que vous, son fils, devriez continuer votre vie sans lui. Les trois mois suivants se seront déroulés derrière une absurde façade optimiste qui aura empêché toute discussion authentique.

 Votre père vous a demandé de lui acheter un récipient quelconque dans lequel il pourrait vomir, quand la chimiothérapie l'affecte trop. Vous arpentez donc les allées du magasin à un dollar à la recherche de l'article le plus approprié. Un seau ? C'est un peu grand, non ? Ça en fait trop à laver. Une sorte de bassine jaune moutarde ? Pas assez profonde, risque d'éclaboussement. Vous optez finalement pour une corbeille à papier beige fabriquée au Vietnam. Plus tard, en la présentant à votre père, il aura une expression indéchiffrable, et vous ne serez pas certain d'avoir bien exécuté votre mission.

Mais étiez-vous vraiment disposé à avoir ce genre de conversation ? Sans doute pas. N'essayez pas de blâmer quelqu'un d'autre si vous n'avez pas pu avoir de conversations aussi profondes que vous l'auriez souhaité. Qu'est-ce qui vous aurait empêché, un soir où vous étiez seul avec lui, de dire quelque chose du genre : « Pa, est-ce que tu penses à la mort, des fois ? » Vous ne l'avez pas fait, entre autres parce que votre père était de cette génération d'hommes qui ne parlaient pas beaucoup. Vous ne l'avez pas fait, surtout, parce que vous êtes le fils d'un homme de la génération d'hommes qui ne parlaient pas beaucoup, et que vous ne parlez donc pas beaucoup plus.

Oh, dans un bar, après quelques pintes de bière, vous pouvez en dire beaucoup, des niaiseries. Ou dans un article de journal. Ou dans une chronique à la radio. Mais dans la vraie vie, à propos de vrais sentiments ? C'est une autre histoire.

Alors assumez une part de responsabilité, pour une fois dans votre vie : c'est en partie votre faute si les derniers mois de votre père auront surtout consisté en une longue série d'allers-retours entre le Mile End et la banlieue ; des soirées à regarder le hockey à la télévision, sans rien dire de plus que « As-tu faim ? » et « As-tu froid ? » ; des repas mornes dans la maison devenue incompréhensiblement humide, et l'odeur de la mort, déjà. Des façades, de l'inauthenticité, des occasions perdues pour toujours.

1. Vous souvenez-vous de cette fois où votre père a insinué que si vous vous occupiez de sa voiture, c'était parce que ça faisait bien votre affaire de l'avoir à votre disposition ?

2. Vous rappelez-vous comme vous avez été abasourdi par ses accusations voilées, alors qu'il ne pouvait même plus marcher, et encore moins conduire ?

3. C'était quoi, ça ?
   a) La maladie qui s'attaquait à son jugement ?
   b) Un dernier sursaut d'orgueil ?
   c) De la colère (contre le cancer, contre la vie, contre lui-même) mal canalisée ?
   d) Autre chose ?

4. Vous rappelez-vous comment, à ce moment-là, vous vous êtes promis de mieux mourir, quand ce serait votre tour ?

5. Qu'est-ce que cela peut bien vouloir dire, concrètement, « mieux mourir » ?

6. Et « mieux vivre », tant qu'à y être ?

2. Apprendre qu'il en est à ses dernières heures

Votre père devrait avoir été admis à l'hôpital quelques jours plus tôt, à cause d'une pneumonie.

Le téléphone devrait avoir sonné, par un matin de la mi-janvier, alors qu'il faisait encore noir. Déboussolé, vous aurez allumé la lampe de chevet, vous vous serez raclé la gorge, puis vous aurez étiré le bras au-dessus de la FDVV pour saisir le récepteur. Vous aurez dit : « Oui ? »

Au téléphone, l'employé de l'hôpital devrait alors vous avoir informé qu'on avait descendu votre père aux soins intensifs, après « une nuit difficile ».

Encore à moitié endormi, vous aurez cherché à comprendre ce que l'employé attendait de vous. Puis vous aurez demandé :

« Pensez-vous le remonter dans sa chambre ce matin ? »

« Pas dans cet état-là. (Silence.) Monsieur [votre nom], ce serait peut-être une bonne idée de venir auprès de votre père. »

Vous aurez alors compris ce que l'infirmier était en train de vous dire. Vous aurez dit : « Oui ? »

« Oui. »

Vous aurez dit : « D'accord, je m'en viens. »

Vous devriez avoir eu une chronique disques à faire à la radio, ce matin-là, et votre première pensée devrait avoir été pour cette émission. Pourriez-vous faire votre chronique, puis aller à l'hôpital après ? Vous vous en serez voulu de ne pas avoir demandé à l'infirmier si vous deviez venir *tout de suite*.

La FDVV devrait avoir été réveillée, bien sûr.

« Ton père ? »

Vous aurez hoché la tête.

« Ça ne va pas ? »

Vous aurez secoué la tête.

« Pis ta chronique ? »

Vous aurez haussé les épaules en regardant la FDVV. Vous aurez souhaité qu'elle vous dise quoi faire.

Vous vous serez levé. Vous aurez ouvert les rideaux du salon, en remarquant dans la lumière des lampadaires l'intensité de la tempête de neige qui soufflait sur Montréal à ce moment-là.

Vous aurez pris le téléphone de la cuisine et appelé votre sœur, l'informant de ce qui se passait, lui disant de se rendre à l'hôpital. Vous aurez raccroché.

Vous aurez composé le numéro du réalisateur de l'émission à laquelle vous deviez participer dans la matinée, laissant un message dans sa boîte vocale.

Vous aurez brossé vos dents, vous serez habillé. À la FDVV, toujours couchée, vous aurez dit : « Je te donne des nouvelles plus tard. »

« T'es sûr que tu ne veux pas que j'y aille avec toi ? »

Vous aurez dit : « Non, c'est correct. »

Pourquoi ?

Vous l'aurez embrassée sur le front, aurez ramassé les clés de la voiture de votre père, serez sorti **en oubliant d'apporter quelque chose à lire.**

3. Le veiller

Contre toute attente, il devrait y avoir eu de longs moments ennuyants, au cours de cette journée. Votre sœur et vous l'aurez passée assis chacun d'un côté du lit de votre père. Celui-ci, toujours inconscient, devrait avoir eu beaucoup de difficulté à respirer, et vous devriez avoir été un peu apeuré par le râle qu'il émettait. De temps à autre, il aura cessé de respirer. Chaque fois, votre sœur et vous aurez échangé un regard inquiet, mais votre père aura recommencé à respirer, et votre sœur sera retournée à son sudoku, et vous à votre lecture distraite d'un magazine à potins.

Vous devriez avoir souvent jeté un coup d'œil à l'horloge sur le mur devant vous. Vous ne devriez pas vous être souvenu, dans toute votre vie, d'un moment où le temps aura passé si lentement. Même vos cours de physique ou de mathématiques, au secondaire, devraient avoir passé plus rapidement. Même vos quarts de travail de nuit dans un entrepôt frigorifique, quand vous aviez vingt ans. Tic, tac, tic, tac. Le temps devrait avoir été épais et gluant, ce jour-là.

Vers midi, vous devriez vraiment avoir eu besoin de prendre une pause. Vous serez descendu à la cafétéria et aurez choisi une table au bord de la fenêtre. Vous aurez passé votre repas à regarder la tempête dehors, et la neige qui s'accumulait à une vitesse impressionnante. À un certain moment, deux voitures seront sans doute violemment entrées en collision dans le stationnement de l'hôpital, et vous vous serez fait la réflexion qu'au moins ils n'avaient pas à aller loin pour se faire soigner.

Vous ne devriez pas avoir eu beaucoup d'appétit, ce midi-là. Vous vous serez demandé si votre père n'était pas en train de mourir, en ce moment même où vous picoriez votre sandwich aux œufs.

Vous vous serez demandé si vous le ressentiriez d'une manière quelconque.

En revenant à la chambre, vous aurez vu tout de suite que votre père n'était pas mort, et que votre sœur n'avait toujours pas fini son sudoku. Vous aurez dit : « C'est long. »

— Quoi, ça ?

— Faire ton sudoku.

— Pis ?

Vous aurez dit : « Pis rien. » Vous aurez dit : « C'est long, c'est tout. »

Vous aurez repris votre place dans le fauteuil.

Au bout de quelques heures, par la fenêtre, vous devriez avoir vu la nuit tomber lentement, pendant que la tempête continuait de souffler. **N'oubliez pas** qu'il n'y a pas de couleur dans le ciel, quand il fait tempête, mais plutôt un décroissement graduel de la luminosité, accompagné par l'allumage progressif des différentes composantes de l'éclairage urbain : les lampadaires, d'abord, puis les phares des voitures, puis les lumières dans les maisons environnantes[1].

La nuit sera tombée sur le sud-ouest du Québec, et votre père — qui était né sur ce territoire soixante ans plus tôt, l'avait traversé dans tous les sens au cours des années 1940 et des années 1950 et des années 1960 et des années 1970 et des années 1980 et des années 1990 et des années 2000, l'avait observé et aimé et analysé, en avait défriché un bon bout, vous y avait conçu et élevé — votre père ne vivrait pas jusqu'au matin.

----

1. Plein de maisons où il ne se passait rien de spécial, où personne n'était en train de mourir.

4. Le regarder mourir

Ça devrait s'être passé tout doucement, vers deux heures du matin, pendant que votre sœur dormait dans la chaise de l'autre côté du lit. Vous aurez été en train de regarder votre père — en réfléchissant à sa vie, à votre vie, à celle de vos éventuels enfants, et en vous sentant très triste, à ce moment précis, mais presque adulte, aussi, plus que jamais auparavant, en fait — et de noter son visage amaigri, ses yeux creusés. Puis votre père aura pris une respiration plus profonde que les autres, sera resté figé pendant une fraction de seconde, puis se sera comme *vidé*, en expirant. Sur le moniteur, la ligne verte aura alors cessé de monter et descendre.

Que faire, quand votre père est **mort** ? Secouer doucement votre sœur, qui se sera malgré tout réveillée en sursaut, l'air perdu. La regarder, pincer les lèvres, puis dire : « C'est fini, [le prénom de votre sœur]. » Aller chercher l'infirmière de garde, qui devrait avoir un air ému et empathique qui devrait vous la faire aimer très fort. Par la suite, elle devrait avoir débranché un à un les divers appareils et tubes qui reliaient votre père au reste du monde. Elle devrait avoir essuyé le filet de bave qui aura coulé de la bouche de votre père.

5. Signer le formulaire qu'on vous présente, lorsqu'il est mort et que l'infirmière l'a recouvert d'un drap

Du corridor, vous devriez avoir été en mesure de voir les pieds de votre père sous le drap.

L'infirmière devrait vous avoir demandé de signer les différents papiers et formulaires. Sur l'un d'eux, vous aurez remarqué que la section *Don d'organes* n'était pas remplie, et vous vous serez demandé pourquoi, sans toutefois poser la question[2].

Pendant une fraction de seconde, vous devriez avoir éprouvé un sentiment aigu de cycle qui se termine : presque trente-cinq ans plus tôt, dans un hôpital de l'est de Montréal, votre père avait dû signer les formulaires requis par votre naissance. Cette nuit-là, c'est vous qui, dans ce même hôpital, signiez les formulaires requis par sa mort.

Vous devriez avoir oublié de rendre le crayon.

6. Marcher tranquillement dans le stationnement désert, sous la lumière des lampadaires traversée de rafales de neige, la nuit où votre père est mort

Vous devriez avoir respiré un grand coup. Vous devriez avoir regardé la tempête passer dans le faisceau jaune des lampadaires. Vous devriez avoir eu cette phrase en tête, à garder pour votre éventuel roman, scénario, autofiction : « La nuit où mon père est mort. »

De vous deux, il n'y avait que vous d'encore vivant, maintenant.

---

2. Ce n'est que plusieurs semaines plus tard que vous devriez avoir compris l'évidence : les organes de votre père étaient bien sûr rongés par le cancer.

Étape 17

Entrer par effraction
dans le chalet construit par son père

La seule façon d'entrer, compte tenu de la solidité des serrures et de la pauvreté des outils à votre disposition, sera de briser une fenêtre à l'aide du **cric** que vous trouverez dans le coffre de la voiture. Vous devriez choisir une fenêtre du sous-sol, plus petite, donc moins coûteuse à remplacer. Vous êtes un vandale plein de bonnes valeurs, quand même.

Malheureusement, la petitesse de la fenêtre en question vous obligera à de multiples contorsions qui, entre autres conséquences désagréables, devraient résulter en une vilaine coupure sur le côté de votre main gauche. Et donc, après avoir enfin réussi à entrer et être monté au rez-de-chaussée, vous devriez maintenant être appuyé sur le comptoir de la cuisine et saigner abondamment.

Dans la fenêtre, vous devriez voir la tache graisseuse laissée sur l'autre côté par votre front, lorsque vous avez regardé à l'intérieur. Il devrait y avoir une toile d'araignée dans l'évier. Ouvrez le robinet. Réalisez que l'eau a été coupée, bien sûr. Enlevez votre manteau, enlevez le chandail que vous portez par-dessus les autres, remettez votre manteau et enroulez votre chandail autour de votre main blessée.

Ainsi pansé, vous devriez maintenant faire le tour des pièces, haussant la température de tous les thermostats que vous croisez. Remarquez les affreuses couleurs choisies pour les murs, la laideur généralisée des meubles et des lampes, des ventilateurs et des revêtements. Vous devriez avoir l'impression de visiter le catalogue d'un de ces magasins de meubles qui se spécialisent dans les offres du genre « Achetez maintenant, payez dans 36 mois, sans intérêt ! » Tout devrait être **brun, faux,** d'apparence **fragile.** Sur le plancher et dans les garde-robes vidés devraient traîner des boîtes de carton, des rouleaux de papier collant, de la petite monnaie, des bouchons de stylo, des moutons de poussière.

Au sous-sol, remarquez l'ampleur du gâchis que vous avez causé en entrant, avec le verre brisé, vos pieds sales, votre sang. Trouvez la valve de l'entrée d'eau. Ouvrez-la. Le sol devrait être recouvert de tapis.

Votre cric toujours à la main, remontez l'escalier jusqu'au deuxième étage. Ici devraient se trouver les chambres. Remarquez qu'on a remplacé l'une d'elles par un énorme bain-tourbillon, comme dans un motel de région.

Retrouvez votre chambre d'enfant. Elle n'était pas finie, à l'époque, et les murs sans gypse laissaient voir la structure de deux par quatre. Souvenez-vous que sur l'un d'eux, à l'aide d'un crayon à mine, votre père avait chaque année tracé la progression de votre croissance. Demandez-vous si ces inscriptions sont toujours là, sous le gypse.

Retirez prudemment le chandail enroulé autour de votre blessure, même si vous saignez encore.

Soupirez dans l'air un peu humide de votre ancienne chambre. Analysez le mobilier faussement victorien et la décoration champêtre, et concluez qu'elle doit maintenant servir de chambre d'invités. Décidez que cette nuit ce sera vous, l'invité.

Appuyez vos coudes sur le rebord de la fenêtre et devinez le lac dans l'obscurité, superposé à votre reflet dans la vitre. Remarquez vos yeux creusés, vos cheveux en bataille. Votre souffle devrait laisser un rond de buée devant votre bouche. Avec votre main valide, tracez-y un soleil. Puis, appliquez votre main ensanglantée contre la vitre. Laissez-y des taches abstraites et imaginez que c'est une installation conceptuelle : *Jeune homme confronté aux problèmes habituels (bâillement), sang humain sur verre, 2010.*

L'idée que vous devriez maintenant avoir en tête n'est sans doute pas la plus noble et respectueuse — mais bon, au point où vous en êtes :

1

Prenez votre cric. Sentez son poids dans votre main, la froideur de son acier.

2

Placez-vous dans l'embrasure de la porte. À l'aide de la vis qui dépasse du cric, entreprenez d'enlever méthodiquement tout ce qui recouvre la charpente : la porte, d'abord, puis le cadre de mauvaise qualité, une sorte de faux bois fait à partir de copeaux trempés dans la résine puis recouverts d'une couche de laque. Délimitez ensuite une section de gypse et enlevez-la en la défonçant à grands coups de cric. Une fine poussière blanche devrait être soulevée par vos coups, envahir l'espace de la chambre, vos voies respiratoires, vos yeux, vos cheveux, votre bouche. Crachez par terre. Puis, avec votre main valide, arrachez les derniers fragments de gypse autour de la porte. Crachez à nouveau. La charpente devrait être exposée, maintenant.

3

Frottez votre chandail/pansement imbibé de sang séché contre le cadre. **Soufflez.** Et là, éventuellement, vous devriez les voir, les indications écrites par votre père. Pâles, bien sûr, et effacées par endroits, mais là quand même :

[votre prénom] 1er août '86

_____

[votre prénom] 21 juill. '85

_____

[votre prénom] 9 juill. '84

_____

Et ainsi de suite jusqu'à 1979, quand vous aviez quatre ans et mesuriez exactement la moitié de votre taille actuelle.

Du bout de l'index, touchez ces inscriptions sur le deux par quatre. Imaginez-les sous votre doigt, ces jours d'été lointains, ces demi-souvenirs aux contours flous — vous, le dos appuyé au montant du chambranle, votre père devant vous, plaçant une main sur vos cheveux et, de l'autre, traçant au crayon une ligne au-dessus de votre tête.

Longtemps, observez l'écriture ronde et assurée de votre père. N'oubliez pas : son écriture presque illisible durant les derniers mois de sa vie, quand la douleur et les médicaments le faisaient trembler et l'empêchaient de fermer correctement la main sur le crayon. **N'oubliez jamais** ce passage dans le calepin où il notait son état et ses activités : « Douleurs atroces et tremblements constants. Inquiétudes. Comment vais-je me comporter quand les choses vont empirer ? »

Puis vous devriez appuyer votre dos contre le cadre de porte. Sentez l'odeur de l'épinette derrière votre tête. Dans la poche de votre manteau, il devrait y avoir un stylo. Prenez-le et tracez un trait au-dessus de votre tête.

Une fois l'opération terminée, retournez-vous et inscrivez au-dessus du trait :

[votre prénom] [la date d'aujourd'hui]

C'est un tout autre siècle, maintenant, et il devrait y avoir une trentaine de centimètres entre cette inscription et la plus proche, celle de 1986. Examinez ce long bout de deux par quatre, et entrevoyez tous les faits plus ou moins marquants qui pourraient y être inscrits, si c'était une ligne du temps comme dans les atlas historiques. Imaginez tous les événements et les non-événements, les brefs moments glorieux et les interminables passages à vide, les rêves que vous avez eus et les échecs que vous avez connus, les études et les emplois. Considérez toutes les choses que vous avez faites, toutes les choses que vous avez dites, toutes les décisions que vous avez prises, tous les pays que vous avez visités, toutes les personnes que vous avez rencontrées, aimées, déçues. Votre bonne douzaine de relations amoureuses plus sérieuses pourraient y être représentées par des traits quasi consécutifs : [prénom blonde 1] (1989-1991), [prénom blonde 2] (1991-1992), [prénom blonde 3] (1993), [prénom blonde 4] (1993), et caetera, jusqu'à la FDVV (2007-2010). Vous pourriez aussi y indiquer votre séjour à Londres, ainsi que cette fois où l'ecstasy vous a emmené si haut que vous avez pensé que plus rien ne serait jamais pareil, par la suite.

Mais n'en faites rien. Laissez-le vierge, ce vide entre le jeune vous et le vous plus tellement jeune. Il ne sert à rien de revenir sur certaines choses.

Que faire, maintenant ? **Dormir,** sans doute.

Éteignez le plafonnier. Assoyez-vous sur le lit. Enlevez vos souliers, votre manteau. Glissez-vous sous l'édredon fleuri et restez quelques minutes couché comme ça, à regarder le plafond. Pour une raison ou une autre, vous ne devriez pas être à l'aise, dans ce lit.

Levez-vous en prenant l'édredon et un oreiller, et étendez-les dans le garde-robe. Refermez la porte derrière vous et assoyez-vous par terre. Pensez à l'expression *walk-in,* qu'on retrouve dans les petites annonces immobilières. **N'oubliez pas** de vous sentir très seul, à ce moment précis. **N'oubliez surtout pas** que vous ne devriez jamais, de toute votre vie, vous être senti aussi seul.

Allongez-vous en prenant soin de vous enrouler dans l'édredon rempli de duvet synthétique. Ce devrait être **le pire lit de toute votre vie.**

Vous devriez rester longtemps comme ça, les yeux ouverts dans l'obscurité totale du garde-robe.

Réfléchissez à votre vie. Sérieusement. Honnêtement. Le plus objectivement possible.

Pensez à vos bons coups, à vos erreurs. Pensez aux gens qui vous ont aimé, à ceux que vous avez essayé d'aimer, à travers votre narcissisme et vos activités toujours si prenantes, si importantes. Pensez à votre carrière qui ne vous apporte aucune satisfaction — pire, dont vous avez un peu honte, lorsque vient le temps d'expliquer ce que vous faites comme métier.

N'oubliez pas : en soi, le journalisme est une profession noble et admirable. Plusieurs des personnages les plus importants de la modernité l'ont pratiqué — Charles Dickens, Jacob Riis, Rudyard Kipling, Albert Camus, Winston Churchill, Ernest Hemingway, George Orwell, Susan Sontag, René Lévesque et tant d'autres. Sauf que, bien sûr, le journalisme qui vous occupe n'est pas celui d'Orwell et de Lévesque, mais celui qui consiste à présenter et commenter l'univers de la musique pop. On ne parle pas exactement de la guerre civile espagnole, ici.

Vous devriez l'aimer encore autant, la musique, et être toujours incapable de vivre sans elle. Mais vous devriez à présent en avoir marre d'écrire sur la musique. Toujours ces mêmes sujets, toujours cette recherche de l'hyperbole, toujours ce désir d'être cool, d'être le premier à parler d'un nouveau groupe, ou le premier à baptiser un nouveau sous-genre musical. C'est en grande partie ça, dont vous devriez être las : l'obsession pour la fausse nouveauté. Comme si les seules choses dignes d'intérêt, dans la vie, étaient celles qui sont nouvelles — alors que vous pourriez en énumérer des dizaines et des dizaines qui ne sont pas nouvelles et qui sont pourtant bien plus importantes que le dernier groupe art-rock danois ou que le plus récent genre musical à faire fureur sur les planchers de danse en bois recyclé de l'est de Londres. Tout ce vent, tout ce bruit pour rien, toutes ces heures et ces énergies gaspillées à alimenter cette machine qui vous dégoûte de plus en plus. Il y aura toujours des groupes qui apparaîtront, plus jeunes et supposément plus fous, prêts à apporter quelque chose d'infinitésimalement différent qui permettra à un journaliste comme vous de décréter l'arrivée d'un tout nouveau phénomène et d'inciter ses lecteurs à se procurer l'album, à aller voir le spectacle, à acheter le t-shirt.

Intuitivement, vous devriez savoir que les choses importantes que vous avez envie d'accomplir (ou avez déjà eu envie d'accomplir) ne viendront pas par le travail que vous faites actuellement. Tout ce qu'on vous demande dans ce cadre, et tout ce qu'on vous demandera toujours, c'est d'écrire des choses superficielles et drôles qui amuseront les hipsters et les intellectuels bran-chés. Vous vivez à une époque de groupes mineurs, et votre travail consiste à rapporter les faits et gestes de ces groupes mineurs, de façon divertissante. Point.

Cherchez à comprendre ce qui est arrivé, depuis vingt ans, à votre capacité à :

1) Aimer vraiment, profondément — votre *désir* d'aimer, même, de vous oublier au profit de quelqu'un, d'un autre être humain. Où est-il allé ? Est-il perdu pour toujours ? Êtes-vous condamné à pas-ser le reste de vos jours à papillonner de cœur en cœur, de corps en corps, comme un itinérant de l'amour, tout cela interchangeable, sans importance ? Pensez à cet auteur postmoderne canadien, celui qui a donné un nom à votre génération. Pensez à ce qu'il a écrit à ce sujet : « Depuis longtemps, la plupart d'entre nous ont brisé le lien entre l'amour et le sexe. Une fois brisé, il ne peut jamais être réparé. »

2) Être bon, gentil.

3) Être vous-même, authentique.

4) Croire. En vous, en les autres. Croire que vous avez un rôle à jouer sur cette terre, une quelconque importance. Croire que les choses peuvent aller mieux, plutôt qu'un peu plus mal chaque jour. Croire que le véritable progrès est encore possible, qu'il n'a pas été relégué au grenier de l'Histoire avec la planche à laver et le train à vapeur.

Pensez aux pilules sur la tablette de votre salle de bain. Pensez à la FDVV, secouée de sanglots. Pensez à George Orwell.

Jusque tard dans la nuit, demandez-vous ce qui s'est passé pour que vous aboutissiez ici, seul, dans un garde-robe, avec une main ensanglantée, à presque trente-cinq ans.

Réfléchir à l'héritage de sa génération

Exercice !

Quel sera l'héritage de votre génération…

1

sur le plan social ?

2

sur le plan politique ?

3

sur le plan culturel ?

 Que gardera-t-on des hipsters ? Ces derniers mois, j'ai posé la question un peu partout à Brooklyn, sur les divans défoncés de ses brownstones ou éclairé par la lueur des juke-box de ses bars. La réponse la plus fréquente est : « Rien. » Le nouveau rock ? Du réchauffé. Les vêtements vintage ? Désolé,

mais on ne peut se souvenir de nous pour s'être souvenu. L'engouement pour le style white trash, les casquettes de camionneurs et le reste ? Intéressant, mais malsain. Mais même pas vraiment malsain. Les hippies ont eu Charles Manson, m'a souligné un ami. « Nous, on n'a même pas été en mesure de produire un meurtrier en série valable. »

CHRISTIAN LORENTZEN, *N+1*, 2007

Nous sommes une génération perdue, s'accrochant désespérément à tout ce qui lui semble le moindrement authentique, mais trop peureuse pour faire preuve d'authenticité elle-même. Une génération défaite, résignée à l'hypocrisie de celle qui l'a précédée, celle qui a un jour chanté la révolution mais revend aujourd'hui ces mêmes chansons aux publicitaires. Nous sommes la dernière génération, la culmination de tout ce qui nous a précédé, détruite par la vacuité ambiante. Le hipster représente la fin de la civilisation occidentale.

DOUGLAS HADDOW, *Adbusters*, 2008

Résumer la postmodernité sous forme de liste
sans ordre particulier, un condensé pratique
en 20 points de ce concept à la fois vague
et chaudement débattu, applicable
à une époque qui pourrait ou non
commencer dans les années 1950
et se terminer ou non
à la fin du XXe siècle

1

Le terme *postmodernité* est généralement utilisé pour décrire la condition économique et/ou culturelle qui succède à la modernité, à partir des années 1950[1].

2

Le problème avec la postmodernité, c'est qu'elle se définit beaucoup plus par ce qu'elle n'est pas que par ce qu'elle est. Elle rejette le déterminisme naturaliste, la passion romantique, la confiance dans le progrès moderniste. Elle rejette même l'idée que les choses puissent être claires et tranchées, facilement explicables et exprimables.

---

1. Par définition, bien sûr, tout ce qui est moderne est condamné à devenir postmoderne, puisqu'il est sémantiquement impossible que quelque chose reste moderne bien longtemps. Cela veut-il dire que la postmodernité est le résultat de la modernité ? sa conséquence ? son développement ? son déni ? son rejet ? Là-dessus, les avis sont partagés. Bref, toute cette histoire n'est pas très claire, et ça ne s'arrange pas par la suite, comme vous le verrez.

3

Selon le philosophe Jean-François Lyotard, la postmodernité est la culmination de la poursuite moderne du progrès : le changement constant étant devenu le statu quo, la notion de progrès est obsolète. Cette période serait aussi caractérisée par la fin des « grands récits », ces « vérités universelles » dont la poursuite justifiait le progrès[2]. Après la mort de ces grandes illusions, la postmodernité serait donc l'ère du scepticisme.

4

Ceux qui voient la postmodernité comme un développement positif considèrent que la modernité aura été un échec ayant conduit à des catastrophes comme Auschwitz et Hiroshima.

5

Caractérisée par une « perte de conviction[3] », la postmodernité serait une période de pessimisme contrastant avec l'optimisme de la modernité.

6

Selon certains penseurs, la postmodernité comporterait deux phases :

---

2. L'émancipation de l'humanité par les travailleurs (marxisme), la domination de l'inconscient (freudisme), le contrôle de l'économie par l'État (socialisme), le salut par la science, etc.

3. James Fowler, professeur de théologie américain.

1) 1950-1989 : La diffusion analogique limite la quantité de sources d'information et encourage le développement de grandes références médiatiques (télévisions généralistes, grands quotidiens, magazines grand public, etc.). Durant cette période, on assiste entre autres à la consécration de la télévision comme principale source d'information et de divertissement, à la dominance de la culture de masse, au déclin du secteur manufacturier dans les pays développés et à l'augmentation du commerce international. Au cours des années 1960, une révolution culturelle (favorisée par l'arrivée à l'âge adulte de la génération la plus nombreuse de l'histoire humaine, les baby-boomers) vient bouleverser les structures en place.

2) 1990- ? : Marquée par l'utilisation croissante des moyens de communication personnels et numériques (télécopieur, modem, téléphone cellulaire, câblodistribution, Internet), cette époque est celle d'une nouvelle économie basée sur l'échange d'information à l'échelle planétaire. Avec la mort du communisme, certains voient même la « fin de l'histoire », d'après la théorie du penseur américain Francis Fukuyama : l'accomplissement ultime du progrès occidental. Une magnifique matinée de septembre 2001 vient anéantir cette belle naïveté.

7

Les partisans du concept de postmodernité considèrent que les conditions économiques et technologiques de l'époque ont donné naissance à une société décentralisée, dominée par les médias, au sein de laquelle les idées sont des simulacres, des pastiches, de simples copies se référant les unes aux autres.

8

Comparée à la modernité, la postmodernité est moins disposée à faire des sacrifices au nom du progrès ; on pense entre autres aux mouvements environnemental, pacifiste et altermondialiste. Elle est marquée par l'attention grandissante accordée aux droits humains et à l'égalité des chances, par exemple dans les mouvances féministes et multiculturalistes. Avec pour résultat que la sphère politique post-moderne est caractérisée par de multiples possibilités citoyennes de combattre l'oppression ou l'aliénation (autour de thèmes comme le sexe ou l'ethnicité), alors qu'à l'ère moderne les combats politiques se faisaient encore entre les classes sociales.

9

Le **postmodernisme** est le mouvement artistique lié à la postmo-dernité. Il se manifeste en particulier en architecture (Norman Fos-ter, Philip Johnson, etc.), en arts visuels (Jean-Michel Basquiat, Robert Smithson, etc.) et en littérature (Kurt Vonnegut, Thomas Pynchon, etc.).

10

« Le roman du terroir est mort, tout comme l'expressionnisme, l'impressionnisme, le futurisme, l'imagisme, le vorticisme, le régio-nalisme, le réalisme, le naturalisme, le Théâtre de l'absurde, le Théâtre de la cruauté, l'humour noir et le gongorisme[4]. »

---

4. Donald Barthelme, auteur américain, 1974.

11

L'ironie est considérée par certains comme la caractéristique essentielle du postmodernisme. Plus généralement, on peut considérer que, alors que le modernisme place l'auteur et la création au centre de son esthétique, le postmodernisme fait jouer ce rôle à l'interprétation. Le simple fait d'apporter un regard nouveau sur un texte ou une œuvre picturale contribue à en faire une œuvre nouvelle. Le plasticien Jeff Koons s'est ainsi rendu célèbre en transformant des objets kitsch en œuvres d'art. Ce regard ironique se pose aussi naturellement sur l'œuvre postmoderne elle-même, et aboutit à l'auto-commentaire[5].

12

« Je pense à l'attitude postmoderne comme à l'attitude de celui qui aimerait une femme très cultivée et qui saurait qu'il ne peut lui dire "Je t'aime désespérément" parce qu'il sait qu'elle sait (et elle sait qu'il sait) que ces phrases, Barbara Cartland les a déjà écrites[6]. »

13

« Je pense que le prix que nous avons payé pour notre vie dorée est notre incapacité à vraiment croire en l'amour. En échange, nous avons acquis une ironie qui brûle tout ce qu'elle touche. Et je me demande si cette ironie est le prix que nous avons payé pour la perte de Dieu[7]. »

---

5. Cette dernière phrase n'est peut-être pas nécessaire.
6. Umberto Eco, auteur et philosophe italien, 1980.
7. Douglas Coupland, auteur et artiste visuel canadien, 1995.

14

Pour l'auteur David Foster Wallace, le postmodernisme est intimement lié à la domination culturelle de la télévision, avec sa tendance à l'autoréférence et à la juxtaposition ironique de ce qui est montré et de ce qui est dit. Selon lui, c'est ce qui explique l'abondance de références à la culture populaire dans la littérature postmoderne.

15

« Disneyworld ressemble plus à ce que les gens désirent vraiment que tout ce que les architectes ont pu leur donner. Disneyland est l'utopie américaine symbolique[8] ! »

16

Le critique littéraire Fredric Jameson identifie plusieurs caractéristiques qui, à ses yeux, distinguent la postmodernité de la modernité.

- Une « nouvelle forme de superficialité », une « absence de profondeur ».

- Un rejet du « geste utopique » moderniste, de la possibilité pour l'art de transformer le désespoir en beauté. Alors que l'art moderne cherchait à sauver et à sacraliser le monde, à lui redonner l'enchantement que la science et la mort de la religion lui avaient fait perdre, l'art postmoderne confère au monde un « aspect morbide à l'élégance glacée ».

---

8. Robert Venturi, architecte américain, 1972.

- Un « appauvrissement de l'affect ». Bien qu'à l'époque postmoderne toute émotion n'a pas disparu, il lui manque une certaine *qualité* d'émotion. « Le pastiche éclipse la parodie. »

- Une abolition de la distance « dans le nouvel espace de la postmodernité. Nous sommes submergés à un point tel que nos corps postmodernes sont dépourvus de coordonnées spatiales ».

- Un changement dans la fonction sociale de la culture. À l'ère moderne, la culture était encore « semi-autonome », avec une existence « au-dessus du monde pratique de l'existant ». Mais à l'ère postmoderne, elle a perdu son statut autonome. Elle s'est plutôt étendue, jusqu'à consumer toute la sphère sociale, avec pour résultat que tout est maintenant culturel. La prodigieuse expansion du capital a pénétré et colonisé jusqu'aux enclaves précapitalistes (la nature et l'inconscient) qui permettaient la critique ; la « distance critique » est désormais impossible.

17

Pour Jameson et le géographe David Harley, la postmodernité est liée à ce qu'on peut qualifier de consumérisme, ou de capitalisme tardif. Ce stade est caractérisé par un haut degré de mobilité de la main-d'œuvre et des capitaux, et par ce que Harvey appelle la « compression du temps et de l'espace ». C'est un contexte où la production industrielle et la distribution sont devenues exceptionnellement peu coûteuses, mais où ce sont les connexions sociales et les communautés qui sont devenues coûteuses.

18

La postmodernité « affirme qu'il n'existe pas de vérité unique, qu'il n'y a pas de distinction claire entre le bien et le mal, l'horrible et le noble, le moral et l'immoral[9] ». La postmodernité est le paradis du relativisme. Tout est question de choix personnel.

19

« Brève anomalie historique », « réaction cynique » aux idées des Lumières et au projet de la modernité, la postmodernité ne serait qu'une parenthèse dans la marche de la modernité[10].

20

Plein de gens ne sont pas d'accord avec les 19 points précédents.

---

9. James Dobson, leader évangélique et politicien américain, 2003.
10. Timothy Bewes, penseur britannique, 1997.

Étape 20

Disséminer les cendres de son père

Il est très important que vous ouvriez les yeux au moment où l'aube aura juste commencé à poindre. Une pâle lumière grise filtrera sous la porte du garde-robe. Prenez quelques instants pour comprendre ce que vous faites là. Levez-vous.

Dans la pénombre de la chambre, voyez les dommages causés par vos rénovations de la veille.

Époussetez-vous et descendez au rez-de-chaussée en traînant sous vos pieds quelques débris. Buvez un peu d'eau en plaçant votre bouche sous le robinet de la cuisine. Malgré de légères courbatures, vous devriez avoir l'impression d'avoir bien dormi. En fait, vous devriez vous sentir plus éveillé que vous ne l'avez été depuis des années.

Allez uriner. Par la fenêtre de la salle de bain, vous devriez voir les premières lueurs du jour illuminant d'impressionnants nuages.

Votre blessure devrait s'être bien cicatrisée durant la nuit. Vous devriez ressentir un début de faim, mais rien de dramatique. Au contraire, même, vous devriez avoir l'impression que l'absence de nourriture rend vos idées encore plus claires. Pensez à Hemingway, à ce qu'il racontait à propos de la faim qui améliorait ses visites dans les musées du Paris des années 1920 et qui lui a permis de vraiment comprendre les paysages de Cézanne. Rappelez-vous aussi combien, quand vous aviez lu ça, dans le Londres des années 1990, vous aviez été déçu de voir que la faim n'améliorait pas du tout vos visites à la National Gallery — tout ce dont vous auriez eu envie, au lieu de prendre le temps d'apprécier les Vermeer et les Turner, aurait été d'avoir assez d'argent pour manger au McDonald's en face.

N'oubliez pas : c'est votre anniversaire, aujourd'hui !

Vous devriez avoir une chanson en tête, à cette pensée : *Birthday*, des Sugarcubes, à l'époque où vous n'étiez qu'un adolescent rêveur et où Björk n'était pas Björk, c'est-à-dire qu'elle n'était pas encore la supervedette planétaire qu'elle deviendrait dix ans plus tard, seulement une jeune Islandaise inconnue chantant dans un groupe auquel la plupart des journalistes musicaux de l'époque donnaient six mois avant qu'il sombre dans l'oubli. **Rappelez-vous** : les journalistes musicaux écrivent n'importe quoi.

Puis, pour la première fois en plus de soixante-douze heures, vous devriez vous souvenir que vos amis ont planifié une petite fête en votre honneur, pour ce soir-là. Imaginez la soirée dans un appartement du Plateau Mont-Royal à la décoration kitsch soigneusement étudiée[1], les conversations amicales mais motivées par le désir absolu de faire rire, les gens qui traîneront encore dans la cuisine à 4 h 30 du matin, sans raison particulière, outre l'attente désespérée que quelque chose d'important se passe enfin, là, dans cette cuisine où il fera dorénavant beaucoup trop clair, révélant les lèvres sèches et les comédons et les taches de jus de canneberge sur les vêtements. Sachez déjà que vous ne serez pas présent, ce soir.

---

1. Des lampes rococo des années 1950 ! Des tableaux en petit point ! Un raton-laveur empaillé !

Assoyez-vous sur une marche de l'escalier, dans la pénombre. Écoutez le silence de la maison, brisé seulement par quelques craquements occasionnels et le crépitement des calorifères. Vous devriez vous sentir bien, ici. Observez la faible lumière entrant par les nombreuses fenêtres. Pensez à votre père et à vos oncles qui ont installé ces fenêtres lors d'un été orange de la fin des années 1970, les bouteilles de bière d'épinette et de Black Label, les bols de chips au vinaigre.

Vous devriez avoir envie de voir le soleil se lever. Enfilez vos souliers et vos gants, et sortez dans le petit matin.

La température devrait être fraîche, mais pas désagréable. Admirez la beauté autour de vous : l'aube, le lac, les montagnes, les premiers chants d'oiseaux, le bruit du vent dans les arbres, les immenses nuages dans le ciel. Sentez-vous rempli d'humilité devant cette beauté-là. D'insignifiance, aussi : vos soi-disant problèmes n'ont tellement pas d'importance dans la mécanique universelle qui se déroule ainsi chaque matin depuis des milliers de siècles. Votre *siècle*, même, n'a aucune importance — sauf s'il arrive à détraquer tout ça, bien sûr.

Allez jeter un coup d'œil à la voiture, et voyez tout de suite que votre situation est vraiment problématique. Les deux roues avant devraient être à moitié enfoncées dans la boue, si bien que le dessous de la voiture touche au sol. Et la boue devrait avoir gelé durant la nuit, compliquant encore plus les choses. Jurez entre vos dents.

Vous devriez n'avoir aucune idée de la façon dont vous allez sortir de là. Mais décidez de ne pas y penser pour le moment.

Dans l'air frais, inspirez et gardez l'air plus longtemps qu'à l'habitude dans vos poumons. **Expirez lentement.** Il y a quelque chose que vous devez faire, maintenant.

La petite boîte en érable devrait être toute froide de sa nuit dans la voiture. Réchauffez-la avec vos mains. Idéalement, le nom de votre père devrait être gravé sur une petite plaque de plastique collée sur l'une des faces. La police devrait être exactement celle que les enfants utilisent lorsqu'ils écrivent des poèmes à l'ordinateur, une sorte de faux script de mauvais goût *(fig. 8)*. Sous le nom de votre père devrait être inscrite la délimitation chronologique de sa vie : 1945-2010. Pensez à ce qu'il y aura, sur votre boîte à vous : 1975-20 –. Souhaitez qu'au moins ce ne soit pas écrit dans ces caractères-là.

Marchez jusqu'au lac. Il devrait être encore gelé, mais çà et là de grandes taches sombres devraient indiquer que la glace fondra bientôt. Déjà, au bord, il devrait y avoir de l'eau libre.

À cette heure-là, le soleil devrait être bas derrière vous et projeter sur la surface l'ombre de votre silhouette, vingt ou trente pieds de long. Si vous le souhaitez, vous pouvez vous amuser à faire quelques mouvements pour voir l'effet que ça fait, étiré comme ça.

Puis il sera temps.

Ouvrez la boîte en érable. Pour ce faire, vous devrez utiliser le bout d'une de vos clés afin de retirer les deux vis qui maintiennent le fond de la boîte en place.

AaBbCcDdEeFfGgHhIi

JjKkLlMmNnOoPpQq

RrSsTtUuVvWwXxYyZz

Fig. 8. Un exemple de police de caractères script.

À l'intérieur, vous trouverez un petit sac en velours bleu. Ouvrez-le délicatement en détachant la boucle dorée qui l'entoure. À l'intérieur de ce sac, vous serez surpris de trouver un autre sac, celui-là en plastique transparent. Vous apercevrez alors les cendres de votre père, qui ne seront pas ivoire, comme vous l'aviez imaginé sans y avoir vraiment réfléchi, mais plutôt grisâtres, comme n'importe quelles cendres ordinaires. Défaites l'attache de ce sac, et ne gardez que celui-ci dans vos mains.

Observez-le, ce sac. Sentez son poids dans votre main. Une livre de cendres pour un homme qui en avait déjà pesé 240, à une époque où la mort n'était pas encore une éventualité sérieuse. **N'oubliez jamais :** ses jambes décharnées sous le drap d'hôpital, ses joues creusées.

Pensez à :

1) Votre sœur. Vous auriez dû l'attendre pour faire ceci, elle vous en voudra certainement, mais bon ;

2) Votre mère, qui a aimé cet homme assez pour l'épouser et lui faire deux enfants ;

3) Ses frères et ses sœurs, et ses amis et ses anciennes maîtresses, et ses parents morts depuis longtemps ;

4) Votre père lui-même, finalement, qui a été jadis un enfant, puis un adolescent, puis un adulte, un père, collègue, patron et plein d'autres choses encore, mais d'abord et avant tout un homme qui est passé sur cette terre, qui a rêvé et qui a souffert, qui a travaillé, aimé, pleuré, ri, fumé un nombre incalculable de cigarettes, construit la maison derrière vous alors que vous n'étiez encore

qu'un enfant et qu'il souhaitait sans doute tant de choses pour vous, espérait sûrement que la vie serait bonne pour vous, serait plus facile qu'elle ne l'avait été pour lui, comme s'il était possible que, à la façon d'une éponge, il absorbe pour vous toutes les douleurs, toutes les peines, toutes les nuits sans lumière.

Puis, quand vous serez prêt, ouvrez le sac de plastique et, avec un grand mouvement du bras, videz son contenu au-dessus du lac, voyez-le partir au vent et se déposer sur la glace et sur votre main et votre bras et votre manteau, sentez-le sur votre visage, dans votre bouche. Crachez. *Crachez votre père* même si le symbolisme de tout ça vous semblera un peu lourd. Regardez la fine poussière former un nuage autour de vous et flotter quelques secondes avant de se dissiper et de retourner à la case départ, dans le grand cycle cosmique de la vie : « Tu es poussière, etc. »

Puis, quand le sac sera vide et que vous l'aurez secoué une dernière fois, en gardant la bouche fermée, faites-en une boule et enfoncez-le dans votre poche. Ce sera tout.

Et un jour ce sera tout pour vous aussi, et il ne restera peut-être de vous rien de plus que ceci, un sac au fond d'une poche, des regrets au fond de la gorge.

Cela fait, remontez vers le chalet avec la petite boîte en érable maintenant **vide vide vide.** Sur la pelouse, face au lac, trouvez une vieille chaise de jardin. Souvenez-vous qu'on appelle ce style « Adirondack ». Hésitez : « Appalaches », peut-être ? Une chaîne de montagnes du nord-est de l'Amérique, en tout cas. Assoyez-vous.

Loin des ondes de la vie moderne, loin de la ville et de ses distractions, loin des gens qui sont presque toujours autour de vous d'habitude, réfléchissez — réfléchissez *vraiment,* pour une fois.

Certains constats devraient s'imposer :

- Vous êtes douloureusement conscient que quelque chose a été perdu, entre la personne que vous étiez ici, jeune, et l'adulte que vous êtes devenu. Quoi ? Un certain désir de construire, peut-être, d'avoir un impact positif sur votre société, de mener une vie saine et simple et fantastique. En fait, ce n'est pas exactement que vous les avez perdues, ces choses-là, c'est plutôt que, depuis la fin de votre adolescence, vous avez adopté toutes sortes d'habitudes, d'aspirations, d'illusions, de mauvais plis qui sont venus s'interposer entre vous et vos rêves.

- Vous savez que pour trouver la sérénité et un bonheur véritable, vous devrez tourner le dos à beaucoup de choses — les rayer une fois pour toutes de votre vie. Vous devrez cesser d'avaler jour après jour le poison de votre époque, ses excès vides, son égoïsme, son narcissisme, sa surconsommation, sa paresse. Ironiquement, vous savez que votre atteinte du bonheur nécessitera d'abandonner la recherche effrénée d'une certaine forme de bonheur qui a marqué votre vie depuis trop d'années.

- Parlant d'ironie : vous comprenez que la culture ironique et cynique de votre époque n'apportera rien de bon. Pourquoi n'osez-vous pas aborder directement vos convictions profondes, vos questions désespérées ? Pourquoi, en conversant avec des amis, vous sentez-vous obligé de noyer vos tourments et vos souffrances dans l'autodérision et les façades ? Pourquoi les textes que vous écrivez sont-ils traversés par cet humour omniprésent, ce désir d'avoir l'air cool, ce détachement ? Et pourquoi tout l'art que vous consommez est-il ainsi, lui aussi ? Pourquoi ces accessoires formels, toujours ? ces fausses façades ? ces échafaudages stylistiques inutiles ? Vous savez qu'un jour, bientôt, il

177

faudra commencer à dire ce qui doit être dit, à être sérieux, à prendre les problèmes de front.

- Deux autres éléments seront nécessaires : l'**espoir** que les choses peuvent — doivent — aller mieux, et l'**amour** — pour les autres, pour vous-même, pour la terre. C'est gênant à dire, et même à penser, mais c'est comme ça, vous en serez absolument convaincu.

- Vous ressentirez alors une forte nausée à la pensée de toutes ces futilités qui en étaient venues à prendre une place démesurée dans votre vie — toutes ces blagues, ces communications vides, cette recherche constante du cool et du hip et du witty, toutes ces choses superficielles et même pas drôles qui le semblaient pourtant tellement.

- Ce que vous ne savez pas : comment transformer tous ces concepts abstraits en actions concrètes, en changements réels.

- Ce dont vous n'avez pas la moindre idée : quoi faire, au juste.

Pendant ce temps, le soleil sera monté dans le ciel. Sentez sa chaleur sur votre nuque, et comprenez qu'à la fin de la journée il ne restera probablement plus de neige que sur le lac et dans certains sous-bois ombragés.

C'est à ce moment, normalement, que votre téléphone devrait sonner.

Fouillez dans votre poche. Trouvez-y d'abord le sac de plastique, puis le sac de velours. En posant finalement la main sur votre téléphone, réalisez que ce n'est pas un appel — seulement un avertissement que la pile doit être rechargée. Pour une raison ou une autre, vous devriez vraiment le détester, votre téléphone, à ce moment-là. D'un geste instinctif, sans réfléchir à ce que vous faites, lancez-le

178

alors de toutes vos forces dans le lac — de la même façon que, plus jeune, de ce même endroit, vous y lanciez des pierres en rêvant qu'un jour votre bras puissant vous permettrait de jouer au troisième but pour les Expos, comme Tim Wallach. Votre téléphone devrait s'écraser sur la glace, se défaire en plusieurs morceaux avec un petit bruit *cheap*. Vous devriez immédiatement vous sentir mieux.

Et c'est alors, en reportant votre regard vers la pelouse, que vous devriez l'apercevoir : le pin.

Vous ne devriez pas y avoir pensé depuis quoi — vingt ans ? vingt-cinq ans ? Depuis longtemps, en tout cas. Mais c'est bien lui, au milieu de la pelouse, vous en êtes certain. Ce pin, votre père l'avait planté à votre naissance — lors de votre premier été, en tout cas. Régulièrement, tout au long de votre jeunesse, vous devriez avoir mesuré votre croissance par rapport à lui. Et jusqu'à ce que votre père vende le chalet, la course avait été assez serrée.

Mais là, la course, vous devriez l'avoir perdue pour de bon. Ce pin qui a déjà eu votre hauteur devrait maintenant mesurer plus de vingt mètres et avoir un diamètre imposant. Levez-vous et approchez-vous. Collez-vous contre lui. Enserrez-le, même. Pensez : « Sale hippie. » Pensez : « *Tree-hugger.* » Souriez. Sentez l'odeur de la résine, la rugosité de l'écorce contre votre joue. Écoutez le bruit du vent dans les hautes branches.

Pendant tout ce temps, il était là, ce pin. Pendant vos longs après-midis à l'école secondaire, et vos premiers baisers, et vos innombrables heures de rêverie à propos des filles, de votre vie future, du *vous* adulte qui émergerait de ce magma adolescent. Le soir de votre bal des finissants, quand les portes d'un avenir glorieux s'ouvraient supposément devant vous. Au début de votre vie adulte, quand la drogue et la musique et le rejet de la société individualiste et consumériste semblaient les choses les plus importantes, pendant vos nuits de danse, pendant vos aubes blafardes, pendant vos voyages désespérés au bout du monde, au bout de la nuit. Il était là quand vous avez perdu de vue qui vous étiez, ce que vous attendiez de la vie, de vous-même, au fil des années qui se sont accumulées si rapidement, au gré des emplois insignifiants et des relations amoureuses condamnées d'avance et des fins de semaine perdues dans l'alcool et la cocaïne et un hédonisme désespéré. Quand vous avez rencontré la FDVV, quand vous avez imaginé la vie dorée que vous auriez avec elle, quand vous vous êtes lassés/laissés et que la morve coulait de son nez mais qu'elle s'en foutait parce que tout était perdu. Quand le cancer envahissait le corps de votre père, quand vous avez pleuré comme jamais vous n'avez pleuré et ne pleurerez par la suite, pas à cause de votre père uniquement mais aussi — peut-être *surtout*, de façon un peu coupable — à cause de votre propre vie, qui un jour finira aussi, et qu'en aurez-vous fait ? Quel gâchis ? Quelles déceptions ? Ce pin était ici, cette nuit-là, pendant que vous pleuriez ainsi en essayant de verbaliser votre tristesse infinie, votre amertume, à moitié incohérent, avec la FDVV déstabilisée de vous voir comme ça, ne sachant pas quoi faire, quoi dire devant un tel torrent d'émotions qu'elle ne comprenait pas, ne pouvait pas comprendre, elle avec ses deux parents en santé, vous avec votre père souffrant et vulnérable et si, si misérable, vous qui ne pouviez rien faire pour lui, dévasté, rongé de remords mais impuissant devant sa douleur.

Combien de temps devriez-vous rester comme ça, les bras autour du pin tel un poète beat oublié par l'hypermodernité ? Longtemps, jusqu'à en perdre la notion des minutes. Jusqu'à ce que, plus précisément, vous l'entendiez : la **voiture**. Il n'y aura aucun doute possible, ce ne sera pas une motoneige au loin, un avion dans le ciel, la camionnette d'un voisin, mais assurément une voiture, et elle viendra vers **vous.**

Étape 21

Comparer deux visions opposées de la modernité

1) Lisez les deux textes suivants :

Texte A

Nous nous exclamons : tout le style génial de nos jours est dans nos pantalons, nos vestes, nos chaussures, les tramways, automobiles, aéroplanes, chemins de fer, navires grandioses. Quel enchantement ! Quelle époque glorieuse sans pareille dans l'histoire universelle !

Manifeste des rayonistes et aveniriens, Mikhail Larionov, Natalia Goncharova *et al.,* 1913

Texte B

« I AM WHAT I AM. » C'est la dernière offrande du marketing au monde, le stade ultime de l'évolution publicitaire, en avant, tellement en avant de toutes les exhortations à être différent, à être soi-même et à boire du Pepsi. Des décennies de concepts pour en arriver là, à la pure tautologie. JE = JE. Il court sur un tapis roulant devant le miroir de son club de gym. Elle revient du

boulot au volant de sa Smart.
Vont-ils se rencontrer ?

« JE SUIS CE QUE JE SUIS. » Mon corps m'appartient. Je suis moi, toi t'es toi, et ça va mal. Personnalisation de masse. Individualisation de toutes les conditions — de vie, de travail, de malheur. Schizophrénie diffuse. Dépression rampante. Atomisation en fines particules paranoïaques. Hystérisation du contact. Plus je veux être Moi, plus j'ai le sentiment d'un vide. Plus je m'exprime, plus je me taris. Plus je me cours après, plus je suis fatigué. Je tiens, tu tiens, nous tenons notre Moi comme un guichet fastidieux. Nous sommes devenus les représentants de nous-mêmes — cet étrange commerce, les garants d'une personnalisation qui a tout l'air, à la fin, d'une amputation. Nous assurons jusqu'à la ruine avec une maladresse plus ou moins déguisée.

En attendant, je gère. La quête de soi, mon blogue, mon appart, les dernières conneries à la mode,

les histoires de couple, de cul…
Ce qu'il faut de prothèses pour
faire tenir un Moi ! […]
L'injonction, partout, à « être
quelqu'un » entretient l'état
pathologique qui rend cette
société nécessaire. L'injonction à
être fort produit la faiblesse par
laquelle elle se maintient, à tel
point que tout semble prendre
un aspect thérapeutique, même
travailler, même aimer. Tous les
« ça va ? » qui s'échangent en
une journée font songer à autant
de prises de température que
s'administrent les uns aux autres
une société de patients. La socia-
bilité est maintenant faite de
mille petites niches, de mille
petits refuges où l'on se tient
chaud. Où c'est toujours mieux
que le grand froid dehors. Où
tout est faux, car tout n'est que
prétexte à se réchauffer. Où rien
ne peut advenir parce que l'on y
est sourdement occupé à grelot-
ter ensemble. Cette société ne
tiendra bientôt plus que par la
tension de tous les atomes
sociaux vers une illusoire guéri-

son. C'est une centrale qui tire
son turbinage d'une gigantesque retenue de larmes toujours au bord de se déverser.

L'Insurrection qui vient,
anonyme, 2007

2) Répondez aux questions suivantes :

• Quel est le thème commun à ces deux extraits ?

• Quelles thèses opposées défendent-ils ?

• Ces conceptions sont-elles incompatibles ?

• Sur quoi chacune débouche-t-elle ?

• À laquelle des deux conceptions adhérez-vous personnellement ?

Étape 22

Se familiariser avec le concept d'hypermodernité

Professeur de philosophie à l'Université de Sherbrooke, Sébas-tien Charles est l'auteur de *L'Hypermoderne expliqué aux enfants* (Liber, 2007), dans lequel il présente ce qu'il perçoit comme une radicalisation de la modernité, ces vingt dernières années, et une exacerbation de ses principes moteurs (le marché, la démocratie, l'individu, la technique). La discussion suivante a été réalisée par courriel, alors que M. Charles se trouvait successivement à Valence, à Sherbrooke et à Turin.

Qu'est-ce qui vous fait dire que nous vivons à une époque hyper-moderne — et non pas postmo-derne, comme certains le préten-dent ?

Notre époque se caractérise par une inflation des concepts qui n'est sans doute pas étrangère au règne de la publicité et à la structuration du social par la logique de la mode, qui conduit à un remplacement effréné des objets du quotidien. Dans ce cadre, les concepts de postmoder-nité et d'hypermodernité pour-raient apparaître comme des pro-duits de la mode destinés à disparaître à court terme, remplacés par de nouvelles notions correspon-dant mieux à l'air du temps. Mais ce serait oublier d'abord que le concept de postmodernité, s'il apparaît bien essoufflé de nos jours, n'en a pas moins marqué toute une époque, et ensuite que ces concepts sont avant tout des notions servant à décrire des situations historiques et sociales, et qu'elles sont donc destinées par nature à être remplacées par d'autres.

Pour en venir plus précisément au concept de postmodernité, il est intéressant sur deux registres. D'une part, un peu comme cela s'était produit pour les Lumières, ce sont les intellectuels de ces années-là qui ont utilisé le concept, baptisant leur propre présent de postmoderne au lieu d'attendre que cette caractérisation de leur période lui soit attribuée par la postérité. Ce qui, d'une certaine façon, n'était pas étranger à la logique de la postmodernité, qui insistait sur l'importance du présent. D'autre part, le concept a ceci de remarquable que, bien qu'adopté à l'époque par de nombreux intellectuels et encore utilisé de nos jours, il n'a jamais fait l'unanimité, comme si on le soupçonnait de ne pas correspondre adéquatement à la période qu'il voulait représenter.

Qu'était-il censé désigner ? Si on le déplace du champ architectural où il est né, dans les années 1950, et qu'on le rapporte à la dimension culturelle qu'il a très vite occupée, dans les années 1970-1980, en particulier à la suite du travail effectué en ce sens par Jean-François Lyotard, il avait pour mission de décrire une mutation du monde moderne telle qu'il devenait possible désormais de parler de postmodernité. Pour Lyotard, sortir de la modernité impliquait d'avoir rompu avec sa logique fondatrice centrée autour de grands récits mobilisateurs (la Révolution, le Progrès, le Bonheur) et d'avoir délaissé le règne de l'avenir pour celui du présent. Sur le plan factuel, le constat semblait juste : d'un côté, on a effectivement assisté à un désenchantement réel à l'égard de la politique et des promesses qu'elle se disait capable de remplir, acceptant de remplacer l'idée même de révolution par celle de réformes ponctuelles ; de l'autre, le souci du présent l'a peu à peu emporté sur les espérances de lendemains qui chanteraient.

Cependant, même en en restant sur le simple plan factuel, il était possible de voir que tous les grands récits modernes n'avaient pas disparu : celui des droits de l'homme restait d'actualité, tandis que le souci de l'avenir perdurait, mais par la prise en compte écologique des effets dévastateurs du modèle de production et de consommation capitaliste. Ces deux réserves à l'analyse de la postmodernité ont expliqué que l'adoption du concept ne se soit pas faite de manière unanime dans les années suivant son énonciation, mais elles ne conduisaient pas pour autant à son abandon.

Or, ce concept était insatisfaisant sur un autre plan, théorique et non plus factuel. Parler de postmodernité, c'était indiquer une sortie de la modernité. Or, par quoi s'est caractérisée la modernité ? Pour le dire de manière brève et schématique, il me semble qu'elle s'est organisée autour de quatre éléments fondamentaux : la mise en place d'une nouvelle manière de gouverner (démocratie), de penser (technoscience), de produire (capitalisme) et de vivre (individualisme). Or, loin d'avoir été invalidés, non seulement ces quatre éléments structurent toujours notre présent, mais ils se

sont radicalisés, du fait qu'aucun contre-pouvoir ne semble désormais capable de s'opposer à leur développement frénétique.

Nous assistons en effet à une explosion des revendications individualistes, à une extension de la logique marchande, à une radicalisation de la démocratisation du politique (à travers notamment l'exigence d'une politique plus participative) et à une profusion des objets technoscientifiques. Ce régime de démesure et d'excès permet de parler non pas de postmodernité mais d'hypermodernité, c'est-à-dire d'une modernité que l'on peut qualifier de radicale parce que n'ayant plus face à elle de modèle alternatif crédible. Si l'on connaît et déplore les dérives de certaines revendications individualistes, d'une forme de populisme démocratique, certains effets pernicieux de la logique capitaliste ou les dangers du modèle technoscientifique, on ne croit pas pour autant possible leur abandon ou leur remplacement par des systèmes différents, et seule une meilleure régulation paraît légitime.

Et c'est bien cela qui caractérise

l'hypermodernité, à savoir le fait qu'il ne semble pas y avoir de modèle alternatif global à lui opposer.

Vous mentionnez ces « lendemains qui chantent », caractéristiques de la modernité. Où sont-ils donc passés, à l'ère hypermoderne ?

Il est vrai que la logique postmoderne, tenant compte de la réhabilitation du présent, a rompu avec le discours révolutionnaire, axé autour du culte de l'avenir. La postmodernité représente une période de réel désenchantement à l'égard des idéologies révolutionnaires et l'acceptation tacite de la supériorité politique du modèle démocratique, ce qui n'équivaut bien sûr pas à la reconnaissance de sa perfection. Dès lors, plutôt que de faire chanter les lendemains, s'est imposé le constat qu'il valait mieux jouir au présent. Avec l'effritement du discours révolutionnaire, fondé sur l'idée de collectivité, s'est affirmée la primauté de l'individu, et d'un individu bien décidé à ne plus s'en laisser conter, choisissant désormais d'investir davantage la dimension privée que la dimension publique de son existence. Bien sûr, cette vision est quelque peu caricaturale, mais elle me semble malgré tout résumer l'état d'esprit d'une époque.

De nos jours, la logique présentiste l'emporte le plus souvent, mais elle est mâtinée d'une prise en compte des défis que la société contemporaine pose en termes générationnels et environnementaux. À cet égard, on peut noter un retour du collectif, bien que moins contraignant que naguère et plus fragile, l'investissement individuel étant effectué sur le mode du choix volontaire, et beaucoup moins marqué par des considérations idéologiques. Il s'agit de se sentir utile, ce qui n'est qu'une variante de l'individualisme, et d'aider autrui dans la mesure de ses moyens, mais sans pour autant légitimer cette attitude par une inscription de son action dans un positionnement idéologique quelconque. La finalité de cette contribution n'est plus de transformer le monde au nom de telle ou telle idéologie, mais de l'améliorer ou de le préserver.

Parlez-moi de notre rapport aux autres, dans ce contexte d'hyperindividualisme et de recherche du bonheur personnel, mais aussi de l'explosion sans précédent des moyens de communication, des outils numériques pour créer et maintenir des liens avec autrui.

L'hyperindividualisme se présente avant tout comme un hypernarcissisme, et produit tout à la fois un enfermement de l'individu sur sa propre bulle constituée de ses projets — et il a d'ailleurs de plus en plus tendance à penser sa vie sous la forme du projet, d'un projet d'existence qu'il lui faut mener à bien et qu'il doit gérer au mieux — et une tendance maladive à vouloir partager ces projets avec les autres.

Les philosophes des Lumières avaient déjà distingué deux choses en l'homme : l'amour de soi, naturel à tout être vivant qui souhaite préserver son existence, et l'amour-propre, qui est ce que nous appelons aujourd'hui le narcissisme. Or nous vivons dans des sociétés qui survalorisent l'amour-propre. Je conçois qu'il soit normal de valoriser une personne, voire que cela soit nécessaire à l'épanouissement et à la confiance en soi de chaque individu, mais à trop vouloir insister sur la valorisation des individus, on les conduit à être dépendants de l'image narcissique qu'ils se font d'eux-mêmes, ce qui n'est pas nécessairement leur rendre service. Dans ce cadre, tout individu normalement constitué par cette survalorisation de l'ego recherchera plus ce qui renforce le culte qu'il a de lui-même que ce qui le remet en question, d'où le développement de techniques d'évitement pour ne pas avoir à se retrouver confronté à des situations ou à des individus qui pourraient ébranler l'image idéalisée que chacun a de soi-même.

On comprend alors aisément le succès des nouvelles technologies de la communication, qui sont totalement en phase avec l'hypernarcissisme contemporain. En effet, ce que permettent les rencontres en ligne, c'est l'application mécanique du principe d'évitement, puisque les relations que l'on choisit d'y créer sont délibérément volontaires et non imposées de l'extérieur. Les ruptures, du fait même de leur statut virtuel, n'ont pas grande incidence sur la vie de chacun. Dès lors, c'est un véritable cercle vicieux qui se met en place : plus d'individualisation renforce le narcissisme, et plus de narcissisme augmente l'individualisation. Au final, on assiste à une multiplication des liens virtuels qui cache mal la diminution des liens réels et la progression inéluctable de la solitude véritable dissimulée par l'impression virtuelle d'avoir des relations pléthoriques. Mais la vérité est que le temps passé avec les uns sur le réseau virtuel est perdu pour les autres. Bref, l'ordinateur est en train de remplacer le rôle immémorial attribué au chien, à savoir être le meilleur ami de l'homme...

Le problème sans doute le plus grave de ce processus d'hyperindividualisation est que l'on ne peut pas vivre seulement d'affinités électives virtuelles. Il faut bien de temps à autre réintégrer le monde réel, qui est fait de promiscuité, de rencontres imprévues, de désagréments en tous genres que l'on ne sait plus vraiment affronter car on n'y est plus préparé, tout étant plus simple sur le Web.

Un certain nombre d'indices laissent à penser que tout cela n'est guère encourageant et qu'il faut se préparer à une montée en puissance de la désagrégation du social, alors même que nous pensions au début qu'Internet contribuerait à sa consolidation. En apparence, cela s'est produit au départ et se produit encore, les individus se connectant ensemble, parfois même pour agir dans le réel en se mobilisant pour telle ou telle cause, mais j'y vois plus un effet de surface qui compense peu la promotion narcissique que permet Internet.

Quel est notre rapport au bonheur, à l'ère hypermoderne ? Quelle idée nous en faisons-nous ? Quelle place sa recherche occupe-t-elle dans notre vie ?

La modernité s'est construite autour de l'idée d'un bonheur collectif que la politique et la science pourraient procurer aux hommes et aux femmes de bonne volonté.

Les idéologies politiques et les catastrophes technologiques sont venues mettre un bémol aux espérances modernes. En effet, non seulement les promesses révolutionnaires n'ont pas été tenues, mais elles ont plus contribué au malheur des hommes qu'à leur bonheur. De même, on s'est aperçu que la science était sans conscience et qu'elle pouvait servir toutes les idéologies politiques, et on s'est entendu sur le fait que le développement technologique se faisait au détriment des ressources naturelles de la planète. Loin de contribuer au bonheur, les avancées scientifiques ont fait naître et continuent de produire sans cesse de nouvelles inquiétudes et méfiances, notamment parce qu'elles sont incapables de répondre aux problèmes éthiques qu'elles font émerger.

Dans ce cadre, l'idée d'un bonheur collectif organisé par le politique ou le technoscientifique est peu à peu apparue illusoire. Dans le même temps, la poussée individualiste et hédoniste qui anime notre société hypermoderne a renvoyé la quête du bonheur du côté de la sphère privée, la réussite personnelle étant devenue la seule preuve de l'obtention d'un véritable bonheur.

Et cela fonctionne-t-il ? Ces montagnes de plaisir et toutes ces possi-

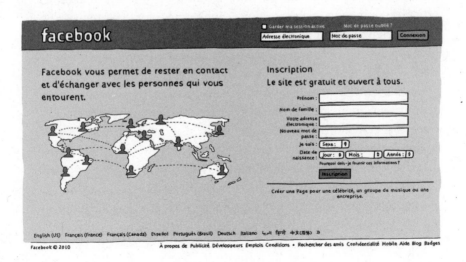

bilités qui s'offrent à nous nous permettent-elles d'accéder au bonheur promis ?

Le problème, c'est que nous savons bien que la consommation ne suffit pas à rendre heureux et que la réussite ne garantit en rien le fait d'être heureux, ce qui explique de nos jours une recherche du bonheur plutôt éclectique, allant du renouvellement permanent des objets encouragé par l'industrie des plaisirs et des loisirs à une quête spirituelle d'authenticité et de découverte de soi.

Si cela fonctionnait, nous en serions tous conscients et n'aurions plus besoin de poser la question du bonheur puisque la consommation l'aurait rendue caduque. Or, ce que nous pouvons observer, c'est la progression parallèle et paradoxale de l'industrie du plaisir et d'une forme de mal-être existentiel. Jamais nous n'avons eu autant de moyens de nous divertir, et jamais la dépression et le sentiment de solitude n'ont été aussi exacerbés. La société de consommation fonctionne tout à la fois à la satisfaction et à la frustra-

tion. Car il y a un vrai plaisir à consommer, ne le nions pas, et à se faire plaisir. Et la consommation peut être la source de satisfactions réelles, lorsqu'elle permet une évasion du quotidien, notamment par le voyage. Mais toute bonne chose a une fin, et le quotidien impose de nouveau sa logique.

D'où la volonté de consommer encore et toujours, et de faire des projets en rupture avec la banalité du quotidien. On voit bien qu'il s'agit là d'un cercle vicieux, un minimum de lucidité permet de s'en apercevoir. De là vient une certaine fatigue à l'égard de la consommation, qui ne fait que procurer des instants de bonheur fugaces et éphémères alors qu'on visait un bonheur durable et stable.

Et puis il y a l'autre côté de la consommation, sa face noire si vous voulez, celle de la frustration. Car ne consomme pas qui veut, ni quand il veut, ni ce qu'il veut. À cet égard, la société de consommation procure plus de mal-être que de bonheur et ne saurait être vue comme la réponse à la question immémoriale de la vie heureuse.

Marcher calmement vers la forêt,
sans regarder en arrière, sans la moindre
pensée pour la voiture de son père,
pour les arrivants, pour les conséquences
sûrement déplaisantes
d'une entrée par effraction

Vous l'entendrez donc, cette voiture se dirigeant vers vous. Le propriétaire du chalet, peut-être, ou l'agent immobilier venant le faire visiter à des acheteurs potentiels. Vos glandes surrénales sécréteront alors des doses massives d'adrénaline, votre cœur battra plus vite, votre pression artérielle grimpera brusquement.

À ce point-ci, il est très important que vous ne fassiez *aucune* des actions suivantes :

1) Aller à la rencontre de la voiture, avec votre manteau taché de sang et votre air hagard ;

2) Rester là, assis dans votre chaise de jardin comme si de rien n'était ;

3) Tenter de vous sauver en voiture — elle est enlisée jusqu'à l'essieu, ne l'oubliez pas.

Que faire, alors ?
À vos yeux, à ce moment très précis de votre existence, un moment qui devrait alors vous sembler déterminant pour la suite

des choses, une seule option devrait vous sembler envisageable : tourner le dos au véhicule qui approche et marcher calmement dans la direction opposée, vers la forêt, sans regarder derrière vous, sans la moindre pensée pour la voiture de votre père, pour les arrivants, pour les conséquences sûrement déplaisantes de votre entrée par effraction.

Vous entrerez dans la forêt au moment même où vous entendrez la voiture déboucher au sommet de la côte et s'arrêter net : son conducteur aura aperçu, en contrebas, la voiture de fabrication coréenne de votre père. Puis vous n'entendrez plus rien.

Étape 24

Savoir comment les choses devraient
se dérouler, la nuit, quand on est célibataire
et qu'on a bien l'intention de vivre plus fort

Souvent cela devrait se passer ainsi, la nuit, quand il est tard et que vous êtes chez l'une de ces jeunes femmes avec qui vous couchez, dans leur appartement plein de craquements du Mile End ou du Centre-Sud, ou leur condo neuf du Plateau Mont-Royal, ou leur loft mal isolé donnant sur une voie ferrée où la nuit des trains exécutent des manœuvres mystérieuses qui les font grincer et rugir.

Vous venez d'entrer, et pendant qu'elles sont à la salle de bain ou parties chercher un verre d'eau, vous examinez leurs photos sur les murs, les tablettes, la porte du frigo. Des voyages et des fêtes, des parents et amis, d'anciens amoureux aux cheveux un peu trop longs ou un peu trop courts, selon les standards de la mode actuelle. Des moments passés, des gens maintenant morts ou fâchés, des choses qui avaient semblé si drôles ou importantes sur le coup, depuis longtemps oubliées.

De toutes ces images, celles qui vous intéressent le plus sont celles où les jeunes femmes sont encore des adolescentes. Vous examinez leurs yeux grands et brillants, leur visage lisse, et selon l'adulte qu'elles sont devenues vous les imaginez rêveuses et réservées, ou alors blessées et anxieuses, ou curieuses et frondeuses, mais des adolescentes d'abord et avant tout, émotives, mélangées, ignorantes de tant de choses. Elles ont souvent un bijou bon marché au cou, peut-être un souvenir rapporté de Cuba ou du Maine. Deux fois sur trois, une audacieuse expérimentation capillaire a été tentée. Dans leur tête et dans leur cœur, vous savez qu'il y a ces rêves d'amour, versions à peine modifiées de toutes les histoires romantiques qu'elles ont absorbées, depuis les princesses de Disney jusqu'aux héroïnes des téléséries pour douze à seize ans. Vous pouvez les imaginer, dans leur chambre bleu pâle aux murs couverts d'affiches de *boybands,* les rideaux tirés, le téléphone à portée de la main, rêvassant dans la langueur des longs samedis après-midi de leurs quinze ans, entre les devoirs à faire et leur mère qui bientôt les appellera pour qu'elles viennent vider le lave-vaisselle, éplucher des pommes de terre, ramasser leurs livres qui traînent dans le salon.

Quand elles reviennent de la cuisine ou de la salle de bain et vous tendent un verre d'eau en disant « Tiens », vous arrachez votre regard de ces photos et le posez sur elles, telles qu'elles sont maintenant, cinq, dix, quinze ans plus tard — le visage un peu plus marqué, souvent un peu plus rond, mais parfois aussi plus mince, effilé par des années de gym ou de végétarisme, de jogging ou de cocaïne. Il y a comme un télescopage de temps et d'époques, quand cela se produit, et pour des raisons que vous ne comprenez pas trop cela vous rend inconfortable. Alors vous faites une blague, vous changez de sujet ou de manière de les regarder, et vous les embrassez en posant les mains autour de leur taille.

Et alors, à cause de l'alcool et de la biologie et de sécrétions invisibles qui soudainement submergent votre cerveau, tout cela est oublié l'espace de quelques minutes d'activité intense, pendant que vous faites l'amour dans cette chambre du Plateau ou du Mile End ou du Centre-Sud, ou même parfois dans la cuisine ou le salon, toutes lumières allumées, sur un divan où se renverse votre petite monnaie. Vous ne pensez à rien, pendant ce temps, sauf à ces jeunes femmes dont vous tâtez les seins et les fesses et tout ce qui vous tombe sous la main, celles qui vous prennent dans leurs mains et leur bouche et leurs bras glissants de sueur, celles qui soufflent dans votre oreille, celles qui ont des tatouages intrigants sur le bas-ventre ou d'anciennes cicatrices d'automutilation sur les avant-bras, celles qui laisseront des marques d'ongles dans votre dos. Elles ont parfois un chat qui grimpe sur le lit en miaulant, et vous riez alors tous les deux.

Pas très longtemps plus tard, cependant, quand le rythme normal des choses est revenu et que vous êtes étendus, elles et vous, vos respirations s'apaisant lentement, vos cœurs ralentissant, vos jambes peut-être enlacées, quand vous voyez par la fenêtre les nuages se découpant contre le ciel violet des nuits montréalaises, il vous arrive de repenser à tout ça, comment ces jeunes femmes avec qui vous couchez étaient encore, une décennie plus tôt, des adolescentes au toupet devant les yeux, aux hormones confuses, aux rêves très précis.

Vous comparent-elles à ces rêves ? Vous, avec votre regard fuyant et vos mains trop pressées et votre désir clair d'éviter toute forme d'engagement, verbal ou existentiel. Vous qui, le condom à peine retiré, êtes déjà prêt à ramasser vos vêtements éparpillés et à partir, relativement comblé, n'en voulant pas plus, fuyant en fait tout *plus* qu'il pourrait y avoir, qu'elles pourraient vouloir, dont elles pourraient avoir besoin. Vous qui, quelques instants auparavant, les regardiez encore comme si elles étaient ce qu'il y a de plus important au monde, mais qui vous demandez maintenant combien de temps vous devez attendre avant de pouvoir retourner à votre fantastique vie de célibataire, votre sacrosainte liberté, l'absence totale de jeunes femmes à qui vous ayez le moindre compte à rendre.

À ce jeu des comparaisons, vous ne devez pas vous en sortir très bien. Mais vous n'êtes pas à la hauteur de vos propres rêves non plus, alors ce n'est pas comme s'il n'y avait qu'elles que vous ayez laissé tomber. Et vous savez qu'il n'y a rien que vous puissiez dire, rien que vous puissiez faire, là, dans la chambre en désordre, alors que vous sentez le sommeil vous gagner, engourdir peu à peu vos membres et vos pensées, et qu'il vous faut vous activer, vous lever, vous habiller, avant de vous endormir pour de bon, collé contre leur corps chaud et confortable.

Ce que vous désirez prévenir : être toujours là le lendemain matin et devoir faire la conversation en prenant bien soin d'éviter toute formule du genre « On se rappelle » ou « Qu'est-ce que tu fais ce soir ? » ou « Es-tu occupée cette semaine ? », et peut-être même devoir aller déjeuner avec elles dans un restaurant de la rue Bernard ou Saint-Denis ou Ontario, face à face dans la lumière crue de la fin de l'avant-midi, et voir dans leurs yeux — leurs yeux bleus, verts, gris, marron, noirs — comment, même si elles ont appris à vivre avec les déceptions de la vie en général et des hommes en particulier, elles n'en continuent pas moins de garder espoir, de croire que oui, l'adolescente qu'il y a encore en elles verra un jour ses attentes satisfaites, ses besoins comblés, ses rêves réalisés.

Mais ce ne sera pas avec vous, bien sûr. Et comme vous ne voulez pas avoir à le leur annoncer vous-même, ou à le leur faire comprendre d'une quelconque manière maladroite, vous faites un effort pénible pour vous arracher au sommeil dans lequel vous étiez en train de sombrer et vous vous levez, vous cognant un orteil contre la patte du lit en cherchant à tâtons vos sous-vêtements, mettant la main sur le condom et décidant de le laisser là, sur le plancher de bois franc de ces jeunes femmes que vous aimez tant mais pas comme elles le voudraient, et après avoir remis votre montre vous déposez un baiser sur leur joue toute chaude en leur souhaitant bonne nuit.

Sauf que voilà, à ce moment elles réalisent qu'elles doivent verrouiller la porte derrière vous, et elles se lèvent elles aussi en soupirant, s'arrachant à leur tour au sommeil, enfilant une robe de chambre ou un vieux kimono ou un paréo, et elles vous accompagnent jusqu'à la porte. Dans la lumière trop forte de l'entrée, n'obtenant rien d'autre qu'un nouveau « Bonne nuit » et un baiser un peu trop sec, elles esquissent finalement un rapide signe affirmatif de la tête, comme pour dire « OK, ça suffira pour ce soir », resserrant autour d'elles leur robe de chambre ou leur kimono ou leur paréo, prenant cette pause ancienne de la femme qui attend que l'homme s'en aille, attendant que *vous* partiez, maintenant impatientes d'être seules, libérées des attentes qu'elles avaient naïvement entretenues, plus tôt, mais ne comprenant vraiment pas ce qui peut pousser quelqu'un (**vous**) à fuir avec autant d'empressement cette chose que pourtant nous voulons tous : quelqu'un pour nous enlacer dans la nuit, caresser nos cheveux et nous dire que tout va bien aller.

Vous refermez la porte derrière vous, et vous vous retrouvez seul dans le silence des fins de nuit. En prenant la direction de votre lit, avec dans votre cou et sur vos mains l'odeur d'une nouvelle fille, subtilement différente mais si semblable, vous ne pouvez vous empêcher d'avoir une pensée victorieuse à l'idée de cet autre nom qui s'ajoutera à la liste des jeunes femmes avec qui vous avez couché. C'est un peu honteux mais c'est comme ça, si vous êtes vraiment honnête avec vous-même. Et lorsque ce nom est celui d'une jeune romancière de talent, ou d'une musicienne ou comédienne prometteuse, ou d'une journaliste qui un jour écrira peut-être des éditoriaux dans *La Presse* ou sera nommée ministre, il vous arrive de vous demander ce que les biographes du futur feront de ces échanges intrigants dans la nuit, de ces possibilités inabouties, de ces relations avortées pour des motifs aussi aléatoires qu'un courriel égaré ou un conflit d'horaire.

Une fois de retour chez vous, vous vous dirigez habituellement tout droit vers votre lit, où vous vous endormez rapidement, et l'histoire se termine là.

Mais parfois aussi le sommeil ne revient pas si facilement. Et alors vous pouvez rester longtemps comme ça, les yeux fermés, dans votre chambre où le jour s'infiltre peu à peu. Vous entendez les premiers piaillements du couple de juncos dans le frêne devant votre fenêtre; le journal lancé par le camelot qui cogne contre votre porte d'entrée; le voisin d'en haut qui se met à tousser sa toux de gros fumeur. Il y a comme une impatience dans vos jambes, maintenant, un désir de vous lever et de bouger. Mais il faut dormir, alors vous restez couché, tentant de faire taire le monologue qui joue en boucle dans votre tête. Votre bouche est sèche, vous n'avez pas bu assez d'eau ce soir et le regretterez demain (aujourd'hui). Il n'y a plus d'alcool dans votre sang, et la réalité a retrouvé ses arêtes tranchantes et ses coins pointus.

Les juncos. L'aube.

Vous pensez au soleil et aux étoiles et à la mécanique infinie de tout ça, les attractions et les répulsions, les convergences et les divergences, les forces invisibles qui dictent la trajectoire des choses. Vous pensez au concept de dimension, aux événements qui peuvent se produire dans des univers parallèles, en même temps et au même endroit. Dans une autre dimension, l'une de ces jeunes femmes est-elle celle avec qui vous vivez, faites des enfants, cultivez des fines herbes et des projets pour l'avenir? Dans une autre dimension, êtes-vous encore avec la plus récente FDVV, entretenant une relation qui n'aurait pas été irrémédiablement gâchée par la jalousie, les querelles incompréhensibles ou tout simplement le désir soudain et trop fort d'être célibataire à nouveau, sans attaches, disponible pour toutes les aventures excitantes que la vie pourrait mettre sur votre chemin ?

Vous réfléchissez à ça : votre époque de perpétuelle réinvention et de possibilités illimitées ; comment vous pouvez devenir tout ce que vous souhaitez devenir, il suffit de savoir ce que vous voulez, au juste. Vous n'êtes toujours qu'à une bonne décision de ce grand bonheur qui vous attend, vous est dû. Il y a quelque chose d'excitant, là-dedans, quelque chose qui fait battre votre cœur plus fort, même maintenant, malgré la fatigue. Mais il y a aussi quelque chose d'angoissant dans ces attentes envers vous-même et la vie en général, dans cette crainte permanente que le scénario que vous avez choisi ne soit pas le bon, ne soit pas le meilleur possible, puisse être mieux tourné, plus palpitant, beaucoup plus satisfaisant. À des moments comme celui-là, il vous arrive de souhaiter une existence plus simple, avec moins de choix, moins de questions, et vous aimeriez être né sur une terre du bas du fleuve, en 1724.

Mais vous n'êtes pas né dans le bas du fleuve au XVIIIᵉ siècle, plutôt dans l'est de Montréal à la fin du XXᵉ, et c'est donc ainsi que cela se passe souvent, quand vous êtes revenu de chez l'une de ces jeunes femmes avec qui vous couchez et que le soleil monte rapidement dans le ciel, inondant votre chambre, votre ville, votre longitude, pendant qu'elles dorment dans leur propre chambre, leurs cheveux étalés sur l'oreiller, leur visage paisible, les rideaux restés ouverts, et tendrement vous repensez à l'adolescente qu'elles ont été, à l'adulte qu'elles sont maintenant et à la quinquagénaire qu'elles seront terriblement bientôt, et vous pensez à votre propre vie, à votre trentaine dont il y a moins d'années à venir qu'il n'y en a de révolues, à ce que vous voulez faire du temps qu'il vous reste et des rêves qu'il vous reste, à toutes les possibilités qui s'offrent à vous et à celles qui vous intéressent vraiment, et à votre père mort, et aux choses qui vous étaient venues en tête à ce moment-là, dans le salon funéraire de votre quartier natal, la vie qui passe si vite et combien il est important de ne pas perdre son temps dans des activités futiles, sur des chemins qui ne mèneront nulle part, tout ce sentiment d'urgence qui vous avait habité à l'époque, et vous vous demandez ce qu'il en reste aujourd'hui et ce que vous devriez faire, **maintenant,** alors que vous êtes presque au mitan de votre espérance de vie et que le soleil continue à grimper dans le ciel, et les astres à tourner dans l'univers, et le temps à s'écouler, et les jeunes femmes à dormir sans vous.

 Éventuellement, il arrivera peut-être, à un moment comme celui-là, que vous vous releviez, enfiliez votre jean pour la troisième fois de la journée, et vous assoyiez sur le divan du salon. S'il reste assez de vie en vous, vous déciderez alors que vous en avez assez de tout ça et que vous êtes prêt à tenter quelque chose avant qu'il ne soit trop tard.

Étape 25

S'enfoncer profondément
dans la forêt de son enfance

Vous marcherez longtemps, dans cette forêt près de laquelle vous avez passé votre enfance mais dans laquelle vous n'aurez jamais osé vous avancer aussi profondément. Vous franchirez des ruisseaux transformés en torrents par la fonte des neiges, vous passerez sous de grands arbres à demi déracinés, vous vous enfoncerez dans la boue et l'humus et les feuilles de hêtres, sur lesquelles un peu de jaune devrait avoir survécu à l'hiver, aux nuits à trente degrés sous zéro, au vent du nord.

Le silence vous fera du bien, sera comme un onguent apaisant sur une brûlure. De temps à autre, il sera rompu par des chants d'oiseaux et des cris d'animaux que vous ne saurez identifier. À un certain moment, vous devriez apercevoir un chevreuil vous observant avec curiosité avant de s'éloigner lentement.

Vous prendrez votre temps, vous aussi. Plus rien ne pressera, pour la première fois depuis des années. Quand vous aurez faim, vous mangerez la barre tendre qui devrait se trouver dans la poche de votre manteau. Quand vous aurez soif, vous vous agenouillerez au bord d'un ruisseau et boirez à grandes gorgées cette eau qui la veille encore était gelée. Cela devrait vous sembler bizarre de porter cette eau directement à votre bouche, sans qu'aucune entreprise commerciale ait servi d'intermédiaire.

Vous remarquerez les bourgeons au bout des branches dénudées, les gouttes d'eau perlant sur les glaçons, les oiseaux occupés à la construction de leur nid. Autour de vous, de façon générale, les choses devraient scintiller, bouger, changer d'état. Dans l'air, il y aura une tiédeur qui ne devrait laisser aucun doute : le printemps sera arrivé.

En continuant à vous enfoncer dans la profondeur de la forêt, vous réfléchirez à ça, ce concept de dormance, d'engourdissement prolongé, de renouvellement — toutes ces choses vivantes qui sommeillent dans la glace en attendant que la lumière vienne les réveiller, au moment approprié.

Dans la nature, la vie est un cycle infini : les choses naissent, se développent, dépérissent, meurent, puis renaissent à nouveau. C'est la modernité qui a développé cette notion du temps comme une chose linéaire avec un début et une fin. **N'oubliez plus jamais :** le temps est une invention humaine.

Les branches craqueront doucement sous vos souliers. Un couple de corbeaux noirs traverseront le ciel bleu, et leurs croassements seront repris par l'écho. Graduellement, une idée naîtra en vous — non, pas exactement une idée, plutôt un sentiment, une sorte de conviction à l'intérieur de vous, une espèce de chaleur dans votre poitrine : votre propre dormance aura assez duré, elle aussi.

Cela vous apparaîtra comme une évidence. Mais comment agir, sans véritable espoir que les choses puissent être sauvées, que l'espoir lui-même puisse revenir ? Il faudra essayer, penserez-vous, faire comme si, parce que ce sera la seule façon de sauver votre trentaine.

Déjà, vous saurez que vous ne retournerez pas au monde d'où vous venez, celui où de petites pilules colorées reposent sur la tablette de votre salle de bain, où la majeure partie de vos énergies est consacrée à nourrir votre malaise, où il y a constamment quelqu'un qui désire vous communiquer des informations que vous n'avez pas besoin de connaître, où il y a des choses tristes dans les yeux des filles avec qui vous faites l'amour, où la mort est devenue trop lourde à porter.

Vous vous assoirez sur une grosse roche. Sous vos mains, vous sentirez sa stabilité, sa permanence. Longtemps, vous resterez comme ça, sur cette roche froide, entouré de grands érables au tronc étonnamment droit. Il vous apparaîtra alors très clairement, sans doute pour la première fois, que la crise que vous vivez ne vous est pas particulière. Vous comprendrez que vous n'êtes que l'une des innombrables victimes d'une pandémie de tristesse, de solitude, de perte de confiance en la possibilité que les choses puissent aller mieux.

Vous réaliserez aussi que la grande erreur de votre époque aura été de croire que la réponse à ce malaise devait être individuelle, d'où ces nombreuses panacées — des cours de yoga aux psychothérapies, en passant par les pilules colorées et les livres de croissance personnelle — qui ont toutes comme prémisse que la solution se trouve dans l'amélioration de soi et dans la négation de ses vulnérabilités. Alors que, bien sûr, c'est cette notion même de la perfectibilité infinie de l'être humain et de ses machines qui a mené au gâchis actuel.

Vous vous lèverez, reprendrez votre marche. Vous le saurez intimement : ce sera maintenant ou jamais. Le moment d'essayer de retrouver cette chose sans nom que vous avez perdue en cours de route. Le moment, aussi, de **grandir** : laisser les enfantillages derrière vous, respecter vos valeurs, développer un véritable souci des autres, pour quelque chose de plus grand que vous, pour quelque chose de vrai et d'important, quelque chose — surtout — qui n'est *pas* vous.

Même si la publicité et les politiciens et votre époque au grand complet se sont entêtés à vous en convaincre, vous n'êtes pas le centre du monde. L'univers n'est pas une gigantesque mise en scène pour le spectacle de votre vie. La terre n'est pas asservie à votre plaisir, à l'assouvissement de vos besoins, désirs, envies les plus diverses.

Un jour vous mourrez, vous aussi, et ce ne sera pas la fin du monde non plus. Les cellules de votre corps se désintégreront en molécules, puis en les différents éléments qui se trouvaient sur le tableau périodique de vos cours de chimie et de physique, au secondaire : hydrogène, carbone, oxygène, azote, phosphore, sodium, potassium, calcium, cuivre, fer, etc. Ces éléments retourneront dans l'univers, dans un cycle infini de continuité.

Mis à part cela, vous ne serez vraiment certain de rien. Qu'allez-vous faire, concrètement ? Comment allez-vous agir à partir de maintenant ? Qu'allez-vous dire aux gens que vous aimez et à ceux que vous aimerez au cours des années à venir, des décennies à venir ? Ça, vous n'en aurez aucune idée.

Et si vous la rachetiez, cette maison construite par votre père ? Vous aurez l'argent pour une bonne mise de fonds, après tout, quand votre héritage vous sera versé, quand le régime de pension de votre père sera redirigé vers vous, quand ses rêves de retraite antillaise et de rondes de golf ensoleillées seront transformés en liberté pour vous. Peut-être même pourrez-vous effacer les outrages faits au bâtiment — les rénovations malencontreuses, les erreurs postmodernes — et ramener tout ça à la façon dont votre père l'avait imaginé — dont *vous* l'aviez imaginé.

Et le terrain est immense. Vous pourriez peut-être y construire — avec vos mains ! — de petites cabanes dans lesquelles pourraient séjourner des amis, des créateurs de projets en tous genres, des inconnus à la recherche de réponses ou juste d'une pause dans la marche inexorable de la modernité.

Pendant de longues minutes, vous aurez de vagues visions de la communauté qui pourrait s'établir ici : une maison remplie de gens venus de partout pour discuter et échanger et construire l'avenir, un endroit pour admettre que vous et vos contemporains avez agi comme des idiots, et qu'il est temps d'essayer de vous racheter et de réaliser que ce dont vous avez besoin, c'est de sagesse et de beauté, pas de vide, de nouveauté, d'échanges incessants mais stériles.

Toutes les révolutions débutent ainsi, après tout : un petit groupe d'individus qui s'assoient autour d'une table pour se dire qu'ils en ont assez.

Durant les longues nuits d'hiver, ou au milieu des après-midis vert et bleu de juin, vous pourriez réfléchir, ensemble, à la façon dont vous jetterez ce monde par terre et essaierez de : changer le cours des événements ; vous ériger en barricade contre une situation qui est allée trop loin, a duré trop longtemps ; abandonner une fois pour toutes le culte du présent et de la « qualité de vie », et entrer dans un âge véritablement adulte — cohérent, responsable — en sortant de l'adolescence perpétuelle dans laquelle votre culture est empêtrée, avec son obsession pour la nouveauté, son désir permanent d'être diverti, l'attente constante de la gratification immédiate, le sentiment que les choses vous sont dues, doivent être parfaites ; trouver un vrai sens à la vie, qui irait au-delà de la simple accumulation de possessions et d'expériences et de plaisirs fugaces ; reprendre contact avec des forces autres que celles du marché, de la *hype* et de la publicité : la force des véritables liens humains, par exemple, et celles — invisibles, inexplicables — que les Anciens attribuaient aux dieux et aux esprits et que les Modernes ont balayées du revers de la main et rangées dans la catégorie des superstitions archaïques, sans savoir qu'ils condamnaient ainsi leurs descendants à un cul-de-sac matérialiste. Les forces de la nature, aussi — avec des résultats catastrophiques, l'homme moderne a réussi à se convaincre qu'il pouvait faire abstraction du monde naturel, évoluer dans une sorte d'univers parallèle où les ressources de la terre étaient illimitées, où le cycle des saisons n'avait aucune importance autrement que pour les fêtes commerciales qui les balisent, où le rythme du jour et de la nuit ne voulait plus rien dire, où cette dernière pouvait être constamment grugée par des lumières brillantes et des bruits de toutes sortes et des échanges ininterrompus de paroles, de données, d'images, de sons, de fluides corporels.

Vous aurez l'impression que, dans un endroit comme celui-ci, la nature pourrait offrir un contrepoids à toutes ces forces qui étaient en train de vous faire perdre la raison, petit à petit. Oui, c'est ici que vous serez pendant que la civilisation occidentale chancellera sous le poids de ses abus, pendant que la modernité craquera de toutes parts, pendant que le monde lui-même deviendra fou.

Et vous serez alors convaincu que ce tournant que vous vous apprêtez à prendre, quel qu'il soit au juste, sera pour le mieux. Du moins vous allez faire votre possible — et déjà, sur le coup, cette simple idée vous apparaîtra comme gigantesque : *votre possible*. Il vous semblera qu'il y a très longtemps que cette notion avait disparu de votre existence. Possible. Possibilités. Il y aura quelque chose à faire avec ça, vous semblera-t-il.

Si vous avez bien suivi les étapes décrites tout au long de ce livre, le sentier que vous suiviez débouchera alors sur une sorte de petite clairière inondée de soleil. Vous vous dirigerez en son centre. Impulsivement, vous vous étendrez par terre, sur le dos. Le ciel sera d'un bleu vibrant. Vous fermerez les yeux et sentirez la chaleur du soleil sur votre visage. Derrière vos paupières, des points lumineux danseront sur un fond orangé, comme des électrons autour d'un noyau, comme les molécules d'acides aminés dans la sève des arbres, comme les globules blancs dans votre sang. Dans votre ventre, au bout de vos doigts, dans vos pieds, vous aurez l'impression de ressentir la présence d'une énergie puissante mais tranquille. Contre votre dos, vous sentirez l'humidité du sol, toute la pluie et la neige et les larmes des derniers mois tentant d'aller rejoindre le soleil.

Une légère brise portera une odeur de terre et de fécondité, la marque incontestable du printemps. Aucun avion ne passera, aucune sonnerie ne retentira, aucune alarme ne se déclenchera. Il n'y aura que vous et les arbres et le soleil et la Terre vous retenant collé contre elle, pendant qu'elle traversera le cosmos à 100 000 000 km/h et que pour une milliardième fois ce sera le printemps sur ce bout de continent, et bientôt ce sera mai et juin et juillet, et l'été explosera en un million de manifestations luxuriantes, comme si l'hiver n'avait jamais eu lieu.

Vous aurez une pensée pour votre père, ses souffrances et ses rêves avortés, et pour cette fille que vous avez déjà envisagé d'aimer jusqu'à la fin de vos jours, avant que vous ne gâchiez tout.

Vous penserez aussi à vos amis, ces hommes et ces femmes que vous avez vu vieillir au fil des ans, leurs yeux se creusant et s'éteignant peu à peu à cause de toutes ces nuits sans sommeil et de tous ces espoirs abandonnés et de toutes ces déceptions accumulées au cours des mois, des années, des décennies. Une profonde tendresse étreindra votre cœur, et vous aurez envie de faire quelque chose pour eux, pour vous, quitte à risquer le ridicule, à mettre une croix sur votre prestigieuse réputation hypermoderne, à sauter en bas de l'échelle sociale que vous avez patiemment, stupidement gravie, depuis vingt ans.

Vous ouvrirez les yeux et vous serez ébloui. Tout ne sera que lumière et blancheur. Vous enfoncerez vos doigts dans le sol humide, et vous serrerez les mains le plus fort que vous le pourrez.

Index

11-septembre, 163

1900 (années) : en tant que fin
de la première phase de
la modernité, 31 ; inventions, 32

1910 (années) : en tant qu'âge d'or
de la modernité, 101-111 ;
inventions, 32

1920 (années) : cabaret berlinois, 54 ;
en tant qu'âge d'or de la modernité,
101-111 ; inventions, 32 ; musées
parisiens, 171

1930 (années) : en tant qu'âge d'or
de la modernité, 101-111 ;
extrémisme grandissant des
modernistes, 108 ; meubles, 22

1940 (années) : en tant qu'âge d'or
de la modernité, 101-111 ; en tant
que période vécue par votre père,
139 ; meubles, 22

1950 (années) : en tant que
culmination de l'âge d'or de
la modernité, 101-111 ; en tant
qu'origine de la postmodernité,
161, 190 ; en tant que période
vécue par votre père, 139 ; lampes
rococo, 172 ; meubles, 22

1960 (années) : en tant que période
postmoderne, 161-168 ; en tant
que période vécue par votre père,
139 ; meubles, 22 ; poètes beat, 180 ;
révolution culturelle, 163 ;
urbanistes, 24 ; vestige friable
des grands rêves des ~, 77

1970 (années) : en tant que période
postmoderne, 161-168 ; en tant
que période vécue par votre père,
139 ; fumée de cigarette, 77 ;
grosses cylindrées américaines, 22 ;
meubles, 22 ; manteaux portés
par vos oncles moustachus, 45

1980 (années) : en tant que période postmoderne, 161-168 ; coupes de cheveux, 22 : en tant que période vécue par votre père, 139 ; en tant que période vécue par vous, 138, 149, 172, 179 ; fumée de cigarette, 77 : grosses cylindrées américaines, 22 ; marques de bière disparues, 78 ; taux d'intérêt, 121 ; vendredis soir, 125

1990 (années) : en tant que culmination possible de la postmodernité, 159 ; en tant que période postmoderne, 161-168 ; en tant que période vécue par votre père, 139 ; en tant que période vécue par vous, 125, 149, 172, 179-180 ; Londres, 172

2000 (années) : en tant que période hypermoderne, 17-219 ; en tant que période vécue par votre père, 139 ; en tant que période vécue par vous, 17-219

Acier, 23, 32
ALBARN, Damon, 18
Allemagne, 36, 54, 105, 106 ; Bavière, 33 ; Prenzlauer Berg (Berlin), 53
Altermondialisme, 164
Amour : difficile à dire, vraiment
Antidépresseurs, 19, 153, 214, 215
ARP, Jean, 107
APOLLINAIRE, Guillaume, 106
Authenticité, 20, 60, 61, 65, 108, 127, 134-135, 152, 158, 196, 213-219

Autoroute, 24-25, 75, 77
Avenir, 31-36, 50, 76, 88, 101-111, 123, 178-179, 190, 191, 192, 207, 208, 217
Aveniriens, 183

Baby-boomers, 158, 163, 216
Banlieue, 24-25, 133, 135
BARTHELME, Donald, 164
BASQUIAT, Jean-Michel, 164
Bauhaus, 105, 106, *106*, 107
Belgique, 35
BERNERS-LEE, Tim, 98
BETHUNE, Norman, 93
Béton, 23
Blogues, 40, 50, 116, 184
Bonheur (recherche du), 17-219
BRAQUE, Georges, 106
BRECHT, Bertolt, 106, 108
BRETON, André, 106
BUÑUEL, Luis, 107

Canada français d'avant la modernité, 25-26, 46, 209
Cancer, 60, 65-68, 83, 125, 133, 135, 141, 180
Capitalisme, 24-25, 50, 79, 110, 161, 163, 167, 191
CENDRARS, Blaise, 107
Centres commerciaux, 24, 50
CÉZANNE, Paul, 172
Changements climatiques, 39
Chimiothérapie, 133
Chine, 22, 36
Cinéma, 32, 49, 107, 109-110

Cocaïne, 54, 81, 180, 204
COCTEAU, Jean, 106
Conquête de l'espace (bénéfices
    secondaires de la), 124
CONRAD, Joseph, 108
Constructivisme, 102, 103, 104
Cool (désir absolu d'être), 49-50, 53,
    151-152, 177, 178
Corée du Sud, 19, 31, 200
COUPLAND, Douglas, 152, 165
Cubisme, 31, 102. *Voir aussi* PICASSO,
    Pablo
CURIE, Marie, 97

Dadaïsme, 102, 107, 108
DALÍ, Salvador, 106, 108
Désillusion, 17-219
DOISNEAU, Robert, 107
DOS PASSOS, John, 108
Drogue, 67, 179. *Voir aussi* Cocaïne,
    Ecstasy, Héroïne
Dukes of Hazard (The), 128

ECO, Umberto, 165
Ecstasy, 67
EDISON, Thomas, 98
Électricité, 17, 18, 25, 32, 76, 178
EISEINSTEIN, Serguei, 107
ELIOT, T. S., 108
Embourgeoisement, 22
Environnementalisme, 164
Espagne, 35, 108, 109, 151
Espoir : absence d'~, 55, 166, 214 ;
    causé par la jeunesse et perdu par
    la suite, 125, 219 ; des jeunes

femmes avec qui vous couchez ;
    206 ; des vendredis soir, 126 ; lié
    à l'arrivée du printemps, 21 ;
    lié à la Fille de votre vie, 90 ;
    lié à la modernité, 101-111 ;
    pour l'avenir, 178
États-Unis, 36, 166 ; Brooklyn
    (New York), 53, 157 ; Concord
    (Massachusetts), 34 ; grosses
    cylindrées, 22 ; Idaho, 108 ;
    Maine, 204 ; New Hampshire, 59 ;
    Oklahoma, 49 ; Tennessee, 21 ;
    Texas, 25 ; Virginie, 48 ;
    Williamsburg (Brooklyn), 53 ;
    Woonsocket (Rhode Island), 33, *33*
Excel : habileté à créer un tableau,
    40
Expressionnisme, 102, 164

Facebook, 49, 54, 97, 116, *195*
FAULKNER, William, 108
Fear of missing out (FOMO), 82-84
Fille de votre vie (FDVV), 17-219
FITZGERALD, F. Scott, 108
FOSTER, Norman, 164
France, 35, 53 ; Nantes, 33 ; Paris, 171
FREUD, Sigmund, 98, 162
FUKUYAMA, Francis, 163
Futurisme, 35, 102, 107, 164

Goldorak, 78
Grande-Bretagne, 35 ; Birmingham
    (Angleterre), 31 ; Édimbourg
    (Écosse), 33 ; Glasgow (Écosse),
    48 ; Lancashire (Angleterre), 33 ;

Salford (Angleterre), 33. *Voir aussi*
Londres
Gratte-ciel, 32, 76, 106
Grèce, 25, 36
GROPIUS, Walter, 107
Grosses cylindrées américaines
des années 70 et 80 : charge
ironico-nostalgique, 22.
Voir aussi Ironie, Nostalgie
GUÐMUNDSDÓTTIR, Björk, 172

Haut-parleurs, 18, 26, 93, 104
HEMINGWAY, Ernest, 97, 108, 151, 171
Héroïne, 125
Hipsters, 17-219
Hollywood, 107
Hongrie, 35
Humoriste, 25
Hyper– : hyperbole, 83, 151, 217 ;
hyperconsommation, 17, 22,
24-25, 27, 59, 67, 83 ;
hyperindividualisme, 17-219,
193-194 ; hypermodernité,
17-219 ; hypernarcissisme, 17-219

Immaturité, 87, 203-210, et un peu
partout ailleurs, sans doute
Individu : en tant que notion encore
plus importante à l'ère
hypermoderne, 17-219 ; en tant
que symbole de la modernité, 34
Inhibiteurs sélectifs de la recapture
de la sérotonine : *voir*
Antidépresseurs
Insignifiance, 75, 135, 173, 180

Internet, 39, 50, 54, 98, 116, 126, 163,
194. *Voir aussi* Facebook, Réseaux
sociaux sur Internet, Twitter
Ironie, 17-219
Italie, 25, 35, 48, 106
IVE, Jonathan, 97

JAMESON, Fredric, 46, 166, 167
Jeunes femmes : à l'odeur sucrée
et aux lèvres luisantes qui
s'accrochent à votre bras et vous
désirent dans leur lit, 21 ; avec
leurs jupes en tartan et leurs vestes
en jean et leurs tresses
compliquées, 88 ; avec qui
vous couchez, 128, 203-210 ;
que vous séduiriez dans l'avenir ;
76 ; qui veulent faire plaisir
à leur petit ami mais qui
le regrettent amèrement le jour où
celui-ci cherche à se venger d'une
offense quelconque, 50
JOBS, Steve, 97
JOHNSON, Philip, 164
Journalisme, 34, 50, 54, 81, 124, 135,
151, 172, 207
JOYCE, James, 108

KAFKA, Franz, 108
KANDINSKY, Vassily, 106
KEROUAC, Jack, 49, 97
KING, Martin Luther, 98
Kitsch, 165, 172. *Voir aussi* Ironie,
Vintage
KOONS, Jeff, 165

LÉGER, Fernand, 107

Liberté, 34, 60, 88, 102, 205, 216

Littérature, 35, 49, 54, 108, 164, 166

Lofts : chèrement minimalistes pour la classe créative montréalaise, 22 ; du Mile End, 203 ; du Vieux-Montréal, 82

Londres (Angleterre) : Camden Market, 18 ; métro, 32 ; Shoreditch, 53, 151 ; votre séjour à ~, 18, 149, 172

Louis XVI, 31

LYOTARD, Jean-François, 162, 190

MAGRITTE, René, 98, 106

MANN, Thomas, 108

MARINETTI, Filippo Tommaso, 35

MADONNA, 97

Matapédia (vallée de la), 33

McCARTNEY, Paul, 97

McDonald's, 172

McLAREN, Norman, 107

Marxisme, 108, 109, 162

MASSINE, Léonide, 107

Messages texte, 49, 50, 54, 116, 126

Mexique, 25

Mobilité, 26-27, 34, 35, 59, 93, 167

Modernisme, 17-219

Modernité, 17-219 ; catastrophes, 111 ; de votre mode de vie jeune et dynamique, 17 ; grands récits, 162, 190, 191 ; individualisme, 41, 110, 116, 179, 191 ; inventions, 31-32 ; origines, 29-36 ; projets, 168 ; prolifération d'options possible, 41, 203-210 ; promesses, 17-219 ; révolutions, 101-111

MOHOLY-NAGY, László, 106

Mondialisation, 21, 23, 24, 78-79, 163

Montagnes : autour du chalet construit par votre père, 120, 123, 173 ; que l'on peut apercevoir du casse-croûte d'une petite ville franco-ontarienne, 78, 84 ; que vous déplaceriez, 76 ; russes existentielles, 87

Montréal, 50, 76, 77, 125, 128, 137 ; boulevard Saint-Laurent, 21 ; branché, 53, 172 ; Centre-Sud, 203, 204 ; classe créative, 22 ; est de ~, 81, 141, 209, 210 ; Expos, 78, 179 ; Golden Square Mile, 84 ; lofts du Vieux-Montréal, 82 ; Mile End, 24, 84, 124, 135, 203, 204 ; nuits, 53-56, 125, 205 ; Plateau Mont-Royal, 172, 203, 204 ; quartier chinois, 60 ; quartier portugais, 21, 53 ; réseau autoroutier, 24, 77 ; scène musicale, 53-54, 60, 83, 179

Mort, 17-219

Musique amplifiée, 18, 24, 26, 32, 50, 53-55, 60, 93, 94, 104, 119, 151, 179

Narcissisme, 87, 177, 193, 194

Nostalgie, 22, 78, 122, 173

Nouveauté (recherche incessante de la), 17-219

Omelette au saumon fumé/mesclun, duo, 78
ORWELL, George, 93, 108, 109, 151, 153

Pacifisme, 164
Père (votre), 17-219
Pessimisme, 162
Pétrole, 19
PICABIA, Francis, 105, 107
PICASSO, Pablo, 97, 107
Plastique : boutons colorés en ~, 19 ; catalogue funéraire recouvert de ~, 20 ; comme symbole du désintérêt total de votre époque pour la beauté, de cette absence de conscience de la permanence de certaines choses et du soin qui devrait être apporté à leur fabrication, 20, 123 ; manifestes, 35, 101, 102, 104, 107, 115-116, 183 ; pare-soleil en ~, 19 ; PVC, 121 ; sacs contenant le cadavre et les cendres de votre père, 20, 174, 175, 176, 178 ; sacs remplis de choses dont on n'a pas besoin, 24 ; tableau de bord en ~, 19 ; utilisé dans la construction de l'avenir, 107
Politique, 33, 109, 110, 157, 164 ; engagement, 104, 108, 110 ; et hypermodernité, 190-194 ; tièdes appels à la mobilisation, 22 ; vos propres opinions, 115
Pologne, 36 ; Varsovie, 33
Pornographie, 39, 50

Postmodernité, 161-168, 190-192
Postmodernisme, 24, 108, 152, 164-168, 216
POUND, Ezra, 108
Procrastination, 50, 94, 210
Progrès, 31, 34, 76, 133, 152, 161-164, 190
Projets : créateurs, 216 ; de la modernité, 168 ; pour l'avenir, 208 ; qui ne verront jamais le jour, 22 ; salvateurs pour vous et votre société, 83 ; TATLINE, Vladimir, 104-105 ; tendance à voir sa vie comme une succession de ~, 193, 196
Psychanalyse, 32, 45, 98, 110
PYNCHON, Thomas, 164

Radiodiffusion, 24, 25, 26, 32, 104, 109, 135, 136
Rayonistes, 183
Régime enregistré d'épargne-retraite (REER), 60, 216
Relativisme, 168
Réseaux sociaux sur Internet, 17, 39, 40, 50, 116, 126, 194. *Voir aussi* Facebook, Twitter
Retour du Jedi (Le), 19
Révolution : causée par les baby-boomers, 163 ; chantée par les baby-boomers, 158 ; « grand récit » de la modernité, 190, 192, 195 ; machine à ~, 105 ; modernité, 99-111 ; que vous déclencheriez, 76 ; vagues envies de, 79

RIEFENSTAHL, Leni, 110
Roumanie, 21, 35

Saint-Laurent (fleuve), 76 ; basses
    terres, 48
SATIE, Erik, 107
SCHOENBERG, Arnold, 106
Science, 32, 34, 101, 162, 166, 191, 195
Sérotonine : effets de l'ecstasy, 67 ;
    inhibiteurs sélectifs de sa recapture,
    voir Antidépresseurs
Simulacres, 94, 161-168
Socialisme, 105, 109
SONTAG, Susan, 98, 151
Spiritualité, 49, 104, 213-219
Sudoku, 138, 139
Suède, 36, 81, 84
Suisse, 35 ; Lausanne, 33
Superficialité, 17, 50, 54, 61, 66, 151,
    166, 178
Suprématisme, 102
Surréalisme, 102, 104

TATLINE, Vladimir, 93, 103-105, 106
Télégraphie, 32, 104
Téléphonie, 19, 32, 40, 48, 54, 60, 94,
    120, 126, 136, 137, 163, 178, 179,
    204
Télévision, 54, 76, 163, 166
Tendresse : à l'égard d'une serveuse
    quinquagénaire, 80-81 ; à l'égard
de l'infirmière qui vient
débrancher votre père, 140 ;
à l'égard de la Fille de votre vie
(FDVV), 17-219 ; à l'égard de vos
amis, 219 ; à l'égard de votre mère,
175 ; à l'égard de votre père,
17-219, possiblement ; à l'égard
de votre sœur, 175
Thaïlande, 25
THOREAU, Henry David, 34
TURNER, Joseph Mallord William, 19,
    20
Twitter, 25, 116
TZARA, Tristan, 106, 107

VAN DER ROHE, Mies, 106
Vedettes populaires : détails de
    leur carrière et de leurs amours,
    39, 138
Vietnam, 21, 134
Vintage : vêtements, 45, 157
Vitesse, 17, 34-35, 47, 80, 110
Vivre plus fort (désir de), 88, 93-94,
    125, 203-210
VONNEGUT, Kurt, 164

WALLACE, David Foster, 41, 54-55, 166
WALLACH, Tim, 179
WOLFE, Virginia, 108

ZUCKERBERG, Mark, 97

CRÉDITS ET REMERCIEMENTS

Les Éditions du Boréal reconnaissent l'aide financière du gouvernement
du Canada par l'entremise du Fonds du livre du Canada (FLC) pour
ses activités d'édition et remercient le Conseil des Arts du Canada
pour son soutien financier.

Les Éditions du Boréal sont inscrites au programme d'aide
aux entreprises du livre et de l'édition spécialisée de la SODEC
et bénéficient du programme de crédit d'impôt pour l'édition
de livres du gouvernement du Québec.

Pour leur aide dans la réalisation de ce livre, l'auteur désire remercier
Marie-Claude Beaucage, Fanny Britt, Sébastien Charles, Louise Geoffroy, Gabrielle
Lecomte, Marie-Ève Perron, Geneviève Thibault et toute l'équipe des Éditions
du Boréal. Un merci particulier à Jessica Horstmann, TLOML.

Ce livre a été imprimé sur du papier 100 % postconsommation,
traité sans chlore, certifié ÉcoLogo
et fabriqué dans une usine fonctionnant au biogaz.

MISE EN PAGES ET TYPOGRAPHIE :
LES ÉDITIONS DU BORÉAL

ACHEVÉ D'IMPRIMER EN SEPTEMBRE 2010
SUR LES PRESSES DE MARQUIS IMPRIMEUR
À CAP-SAINT-IGNACE (QUÉBEC).